JN078464

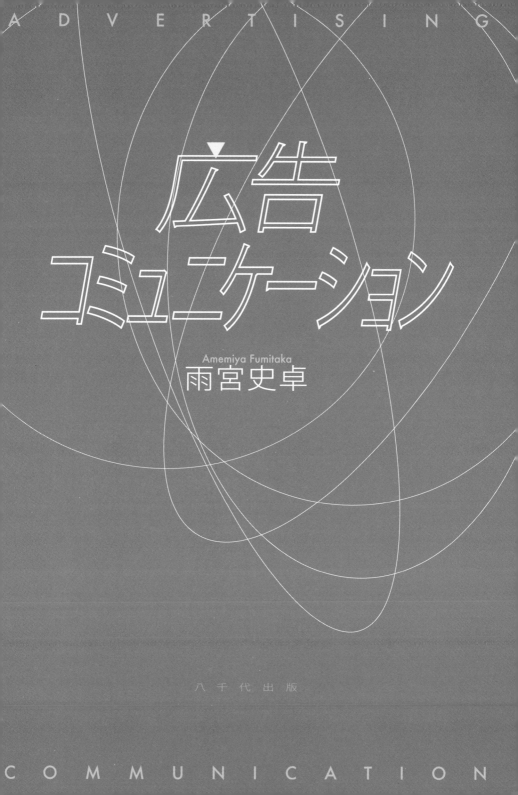

ADVERTISING

広告
コミュニケーション

Amemiya Fumitaka
雨宮史卓

八千代出版

COMMUNICATION

はしがき

広告って何だろう？

学術的な広告の定義や役割・機能では説明できない何かが広告にはあるはずである。

テレビを見ない日はあっても広告を見ない日はない。

日常に広告は溢れている。誰しも多くの広告に囲まれ触れながら生活している。

人々は広告に心を奪われること、魅了されることはあるのだろうか？

広告を研究テーマにしてきた自分自身に問い正す。

広告によって、あるいは広告塔によって、何らかの影響を受けただろうか？

あるいは何かを購入したことがあるだろうか？

目の前を真っ赤なメルセデスベンツのクーペが通り過ぎた。凝視する私に気づき、運転している男性がにっこり笑い、手を振ってくれた。あまりのカッコ良さに衝撃を受けた。私も車の後部座席に乗り、隣には母親が座っていた記憶がある。4、5歳のときで、まだ物心もついていない。だが、運転席が他の車と逆側にあったことが目に焼きついた。当時、輸入車のほとんどは「左ハンドル」。だから、免許をとったら左ハンドルの車に乗ろうと、そのとき心に決めた。現代では、輸入車でも左ハンドルは希少で、並行輸入車ぐらいしか見当たらない。友人に「日本で左ハンドルは運転しにくいよ」といわれても、免許をとってからずっと左にこだわり続けたし、不便と思ったことは一度もない。免許をとる以前の子供の頃も、車種にはこだわらず、父親に左ハンドルを勧めていた。車の名前やメーカーがブラ

ンドでなく、「左ハンドル」こそが自分にとってのブランドであった。

　物心がついたかついていないかの年齢で、眠い目を擦りながら必死にテレビで観た映画がある。

　後で、「荒野の七人」という西部劇と知った。テレビで放映しているくらいなので、当時としても私が生まれる前の古い映画。しかも、お金目当てに農村を襲う盗賊団から、わずかな報酬で凄腕のガンマンたちが命をかけて農民を救うという単純なストーリー。単純であるからこそ、子供でも惹きつけられたのであろう。お目当ては、その映画の主人公であるブリンナー（Y. Brynner）でも、当時売れっ子のマックイーン（S. McQueen）でも、なく、拳銃とナイフの両刀使いコバーン（J. Coburn）。寡黙であり、拳銃より早く敵を倒すナイフの達人である役柄に魅了された。

　彼は、後のフィリップモリス社のタバコのCMで「スピーク、ラーク」という決め台詞でテレビに登場する。渋くタバコに火をつけ、微笑みながら決め台詞をいうコバーンの姿を見て、幼少の頃に憧れたガンマンの姿を鮮明に思い出した。当然、タバコを吸える年齢ではなかったが、大人になれば多くの人はタバコを吸うものだと思っていた。「よし！　タバコはラークにしよう！」タバコの味も知らないまま銘柄だけは決めていた。今では、タバコのテレビCMは禁止され、喫煙所を探すのにも苦労する時代となった。映画は好きで、子供の頃からジャンルを問わずさまざまな作品を観てきた。近年、映画やテレビドラマの中でタバコを吸うシーンが少なくなってきた。しかし、小道具としてのタバコは映画の演出に欠かせないものであったと思う。ペン（S. Penn）もサザーランド（K. Sutherland）も映画の中ではいつも魅力的だが、あのときの衝撃には敵わない。人を表現するブランドの力にこの頃、無意識のうちに気づいたのかもしれない。

　物心がついた年頃になると、誰しも音楽に興味を持つ。邦楽より洋楽の

方が斬新で、聴き入っていた記憶がある。英語の意味さえわからないのに、テレビに出ている歌手が歌う大衆受けする音楽より、洋楽に価値があると粋がっていただけなのかもしれない。ところが、ある年の元旦を告げる時報とともに放映されたテレビCMに釘づけになった。SEIKOの時計のCMである。後に、甲斐バンドが週間チャート1位を獲得した代表曲「HE-RO ヒーローになる時、それは今」がそのCMソングであり、年明けの時報とともにその音楽が流れたのである。「甲斐バンド？ 誰、それ？」当時の第一印象であったが、今までにない音楽だと多感期時代に直観的に思い、ヴォーカル甲斐よしひろのハスキーボイスに魅了された。当時のテレビの音楽番組はアイドルや演歌歌手が全盛で、紅白歌合戦に出場する歌手の歌は誰しも知っていた。だからこそ、テレビに出演することなく、ライブ活動だけで観客を惹きつけ、チャート1位になる甲斐バンドに魅せられたのかもしれない。それから、甲斐バンドのアルバム・シングルをすべて揃えて、毎日のように聴いていた。洋楽へのこだわりは新年の時報とともに消え失せた。「よし！ 制服を着るような年になったら、腕時計をしよう！ もちろん、ブランドはSEIKO！」当時は、オーデマピゲやロレックス、フランクミューラーなど知る由もないので。

　ここに一冊の古い本がある。田家秀樹（1985）『ポップコーンをほおばって』講談社。なぜ、甲斐バンドがCMに起用されることになったのかの詳細な情報がこの本に記されている。当時の広告代理店の案では、3人の名前があがっていたそうである。矢沢永吉、原田真二、甲斐バンド。矢沢はメジャーになりすぎ、原田真二はビジネスの臭いがした。しかし、当時の私と同様に、広告代理店の営業担当も制作担当も甲斐バンドを知らなかったそうである。「それまでの広告表現にないものをやりたい」「すでにメジャーになって、ビジネスでしか話を進められない相手では面白くない」それがSEIKOチームの考えであった。だからこそ、甲斐バンドなのだろうが、広告代理店にとってはかなりの冒険であったに違いない。先見の明

を持つ広告マンがいるものと感心させられる。きっと、私だけでなく当時の少年・少女たちに広告というフィルターを通して何らかの刻印を残したことであろう。

　甲斐よしひろに何通りかのCMコピーを書いたメモが広告代理店の担当者から見せられた。

　　・胸にキラメキ、唇にスイング　　　・いま、夢見る時間

　　・ヒーローになる時、それは今

　　・青春はライブタイム―いつもエキサイトしている

　　・時は僕らに微笑む　　　　　　　・いま、光を浴びる時が来た

　　・いま、ステージにのぼる時が来た　・僕らの春はムービング

　　・時は春、心は晴れ

　甲斐は一通り目を通してから、即座に3番目のコピーを指さしていったそうである。

　「これなら、やります」

　「ヒーローになる時、それは今」

　その場で、コピーが決まった。そして、甲斐バンドがキャンペーン・キャラクターになることも、同時に決定した。これを読んで、広告のコンセプトには時間の概念が大きく関わることを認識した。

　広告や広告塔の存在、人の価値観を変えるほどのインパクト、万人を惹きつける何か、幼心にそれらが脳裏に焼きついている。いまだに答えは見つかっていない。だからこそ、広告をこれからも学び研究していこうと思う。本書は、上述における自身の童心からの経験にあるように、「広告の基本的機能や役割」「広告とブランド」「広告と時間の概念」、これらに焦点をあてて検討されている。本書を読んだ人が日常に溢れている広告に少しでも興味を持って頂ければ幸いである。本書は、拙著『ブランド・コミュニケーションと広告』の続編であり、数年前から計画があった。しかし、

校務や授業の忙しさを理由に先送りにしてきた。その間、いつも季節ごとにお気遣いのメールをくださり、気長に原稿が仕上がるのを待ち、刊行の機会を与えて頂いた森口恵美子氏（八千代出版株式会社・代表取締役）に対して心より御礼を申し上げたい。また、緻密な編集の労をとって頂いた、井上貴文氏にも心より感謝する。

　最後に私事で恐縮だが、本書を執筆中の2019年7月後半に母が他界した。だからこそ、今年はどんなに忙しくても書き上げようと思った。母は芸術家であり作家であったために、深夜まで毎日制作を続けていた。私が学生で一緒に暮らしていた頃、夜遅くに帰り、その後眠らず晩酌をしながら映画を見ている私に、呆れもせず明け方まで付き合ってくれた。広告の話、音楽や映画の話、車の話、お酒やタバコの話など若輩の自分には、最大の理解者であり、芸術家ならではの観点ですべてを返してくれた。本書ができ上がったら母に一番に報告しようと思う。

　2020（令和2）年2月3日

市ヶ谷の研究室にて

雨宮　史卓

目　　次

第1章

プロモーションの役割と機能

第1節　マーケティング・ミックスと
　　　　　プロモーション・ミックスの関係

　プロモーションには広義と狭義の2つの理解が可能である。企業が市場に対して行うマーケティング諸活動の中で、商品の価値を市場に伝達する活動は広義のプロモーション活動としてとらえられる。この伝達活動は、商品に関する情報を、消費者が存在する市場に伝えるコミュニケーション過程としてとらえることが可能である。すなわち、マーケティング・コミュニケーションと同義である。コミュニケーションとは、送り手と受け手の間に展開されるメッセージに関するやり取りであり、シンボル等を使うことによって、受け手のさまざまな態度を引き出すことを目的としている。主なプロモーション・ツールは4つあり、それぞれ以下のように定義されている[1]。

- ・広告（advertising）：アイディア、財、サービスに関する非人間的な提示とプロモーション
- ・人的販売（personal selling）：販売を成立させ顧客リレーションシップを築くことを目的に、企業の販売部隊が行う人的プレゼンテーション
- ・パブリック・リレーションズ（public relations）：好意的な評判を得て、好ましい「企業イメージ」を築き、悪い噂や事件を未然に防いで、企業のさまざまな利害関係集団と良好な関係を形成すること
- ・販売促進（sales promotion）：製品、サービスの購入や販売を促進する

ための短期的な動機づけ

　マスメディアを介してのマス・コミュニケーションは、広告の重要な手段である。たとえば、広告主である企業は新商品についてテレビやインターネット等のメディアを通じて広告宣伝を行っている。消費者がその広告に接し、当該商品に対して興味や良好なイメージを抱いて欲しいと思い、購買に至ることが期待される。しかし、消費者は当該広告を見ても必ずしも購買に至るわけではない。また広告を見ても、必ずしも広告主が伝えたいと思う内容を理解した上で需要が喚起されるわけではない。消費者側が、広告主が伝えたいメッセージ内容と異なった解釈をする可能性もある。したがって、効果の高いプロモーション活動を遂行させるためには、広告主が想定するターゲットに合わせて、いかなることをプロモーションの目的にするのかを明確にした上で、上述のプロモーション・ツールを適切に組み合わせることが重要である。なお、企業がマーケティング目標達成のために製品（Product）、価格（Price）、流通（Place）、プロモーション（Promotion）の 4P を適切に組み合わせて「売れる仕組み」を創造することをマーケティング・ミックスというのに対し、広告、人的販売、パブリック・リレーションズ、セールス・プロモーションといったツールを管理し、それぞれの特徴を活かして販売目標を達成するための効果的な組み合わせをプロモーション・ミックスという。

　これに対して、狭義のプロモーションとは、広義のプロモーション・ツールの一つである「販売促進」と同義であり、短期的に売上を伸ばすためのコミュニケーション手段に焦点をあてている。つまり、消費者の購買行動を直接的に動機づける活動を意味する。その具体的な活動内容は、来店客に直接行われる商品展示、POP 広告、プレミアム、サンプリング、および商品の実演など多数あり、いわば店頭での販売促進活動を指す。消費者はすべての商品カテゴリーに対して自我関与が高いとは限らないので、非計画購買の状態にある消費者に対して販売促進戦略を策定することの重要

性が近年では高まっている。

　販売促進のツールはさまざまであるが、その目的は試用を促すものと、利用・継続を促すツールの２種類が存在する。前者の試用を促すツールは、新製品やすでに存在する商品カテゴリー市場に新しいブランドを投入する際にターゲットになる消費者に対して行うことが有効とされる。とりわけ嗜好品等は、ほとんどの消費者は自身が購入するブランドが確定しているため、サンプリングや初回の購入時に割安感やベネフィットを強調する値下げ等が効果的である。後者の利用・継続を促すツールとしては、トイレタリー商品群の詰め替え用パックに多く見られる増量パック、プリンター

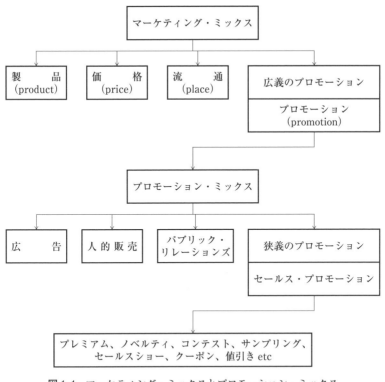

図1-1　マーケティング・ミックスとプロモーション・ミックス

のインクに見られるマルチパック等が挙げられる。さらに、プレミアム・グッズやノベルティ、コンテクスト等も消費者が日常的に使用している当該ブランドへのロイヤルティを高め継続的購買を促すものである。このように消費者が試用（try）するものか使用（use）しているものかで狭義のプロモーションの手法も変わってくるのである。なお、狭義のプロモーションの詳細については後述するが、広義と狭義のプロモーションの関係性を図 1-1 に示す。

第 2 節　プロモーション戦略（PUSH 戦略と PULL 戦略）

　プッシュ（PUSH）とは、その意味の通り押し込むことであり、広告主であるメーカーが消費者に商品の購入を促す戦略であり、プル（PULL）は引き寄せるという意味で、消費者が自ら当該商品の購入をするように促す戦略である。

　プッシュ戦略は、メーカーが卸売業者や小売業者といった流通業者に対して人的販売や販売店援助などを行う流通業者重視主義である。つまり、流通業者から消費者に積極的に働きかけてもらうために行う戦略で、メーカーは流通業者に商品情報の提供、商品の推奨、説得、販売支援金の提供、販売方法の指導、小売店への販売員の派遣等を行い、自社商品を扱ってもらえるように売り込み、説得する。その結果、流通業者は消費者に積極的に当該商品を推奨、販売することになる。意味の通り押し込む（PUSH）戦略である。

　一方のプル戦略は、メーカーによる商品プロモーションにおいて、商品イメージなどを向上させ、消費者側の需要を喚起し、消費者自らが商品ブランド名を認知し、指名して購入するように誘導する消費者重視主義である。つまり、メーカーは広告、販売促進、パブリシティなどを駆使し需要を喚起し、消費者がブランドを指名して購入することを促進する。その結

果、プロモーションが成功すると小売業者は卸売業者に当該商品を注文し、卸売業者はメーカーに仕入れの注文を行うようになる。このように、最終消費者から流通業者を介して、メーカーから商品を引き寄せる（PULL）戦略である。

　たとえば、ある消費者が薬品を購入する場合、2通りのケースが想定される。体調が優れず、風邪をひいたと思いドラッグ・ストア等へ薬品を買いに行ったとする。自分自身ですでに特定のブランドを購入しようと決めていた場合、あるいは店舗に入り、風邪薬が陳列されている棚を見て聞いたことのあるブランド名だと思い、そのブランドを選択した場合はプル戦略の影響が大きいことになる。なぜなら、当該ブランドを認識していた要因はテレビCMを中心としたマス広告を視聴した可能性が大きいからである。一方、自分に合った商品がわからず販売員に自身の症状を伝え、「何か良い風邪薬ありませんか？」と聞いてから勧められたブランドを購入する場合がある。この場合、メーカーは当該店舗に自社商品の情報を提供した上で、取り扱いをするよう依頼し、販売員によって消費者に商品の推奨を促すことになる。当然、風邪薬に加えて、体調をより早く改善するためにサプリメントや栄養剤などの推奨もプッシュ戦略によって行われる可能性もある。

　また、買回り品（第8章第1節-2-(3)-②）として代表的な家電製品、パソコンやスマート・フォン等の生活生産財は当該商品の知識が消費者によって大きな相違が見受けられる。たとえば、パソコンの商品知識に詳しい消費者は、マス広告等で商品をイメージし、自分に適切なパソコンを数台ピックアップした後にさまざまな詳細情報をもとに選択をする。つまり、販売店に行く前に自分で購入するブランドを決定している可能性がある。しかし、あまり詳しくない消費者は販売店に来店し、販売員からの情報をもとにブランド、価格、機能等を比較検討した上で購入を決定する。したがって、前者はプル戦略によるイメージ形成が重要であり、後者はプッシュ戦

略による推奨販売が大きな鍵となる。

　マーケティング計画を策定する上で、プル・プッシュのどちらの戦略をとるべきかは各メーカーの思案によるものであるが、一般的にプル戦略は日常的に購買頻度の高い、最寄り品（第8章第1節-2-(3)-①）が中心である。具体的には、トイレタリー商品群、食品・飲料、菓子等である。これらの商品を消費者が購入する場合、販売員に聞くのは陳列されている場所のみで、商品の詳細な情報を相談することは少ない。日常品であるがゆえ、商品の使い方や性能等は消費者側が熟知しているからである。日常品のブランド名がテレビCM等で繰り返し連呼されているのは、そのためである。また、購入層も幅広く、売られている店舗も多い商品群なので、メーカー側がすべての小売店に対して消費者に自社商品の推奨を促すのは困難であるため、マス広告等で消費者にブランド名を認知させ、指名購入を期待する方が効率的である。

　これに対してプッシュ戦略に適しているといわれる商品群は、買回り品や専門品（第8章第1節-2-(3)-③）に多く見られる。たとえば、上述の生活生産財と同様に、耐久消費財における家電製品等は、販売員の専門的な知識による説明が必要である。一般的に高価格であるものが多く、購入頻度も高くないことから消費者は購入経験が少なく、当該商品カテゴリーに対する商品知識が少ない。したがって、商品の詳細な情報を訴求できるプッシュ戦略が有効である。

　製品ライフサイクル（第8章第2節-1）の観点で考察すると、導入期はプッシュ戦略が適している。導入期は、消費者に当該ブランド名が浸透していないので、小売店の店頭に商品を配置してもらうことが必要不可欠である。そのため、メーカーは小売業者に対して利益、マージン、リベート販促材料等の提供を約束し、自社商品の積極的な推奨販売を期待することができる。大量の仕入れを可能にする流通業者を優遇し、取引額に応じて景品を提供するプレミアム・プロモーション、さらにはPOP広告により他社商

品との優位性を訴求することもしばしば実施される。一方、プル戦略は成熟期に適している。この時期になると消費者はすでに当該商品の購入経験があり、競合他社の商品も多く市場に投入されている。そのため、当該商品の知識も消費者側に蓄積されていて、使用方法にも慣れてきていることから、購買時に販売員に情報を求めることは少なく、自分自身の意思でブランドを選択するようになる。さらに、商品カテゴリーにもよるが、成熟期は大量に販売される商品も多いことから、小売マージンも低く、販売員が個別の消費者に対して口頭で推奨等を行っていたら、非常に効率が悪い。そのため、必然的にこの時期はプル戦略に依存することになる。

　このようにプッシュ戦略とプル戦略はさまざまな面で対比されるが、どちらか一方の戦略のみを実施するというものではなく、双方が効率的に機能するよう、メーカーが商品の状況を考慮しながらバランス良く組み合わせることが重要である。また、企業規模やプロモーション・コストを当該商品にどれだけ投入するかということでも、その比重は変わってくる。たとえば、主力商品としてとらえるのであれば、全国的にブランドの知名度を向上させるために連日テレビCM等で連呼し、消費者が販売店に入ればその商品の特設コーナーが設けてあったり、目立つ場所に陳列されていれば、プル・プッシュ戦略双方を重要視している状況にある。逆に、すでにブランド名が浸透し、ロングセラーとなりつつある商品であれば、プル

表 1-1　プッシュ戦略とプル戦略の比較

	プッシュ（PUSH）戦略	プル（PULL）戦略
対象	流通業者重視主義	消費者重視主義
手段	販売員・POP 広告等	マス広告
商品カテゴリー	買回り品・専門品	最寄り品
評価基準	店頭配荷率	商品認知率
製品ライフサイクル	導入期	成熟期
対象エリア	地域別・販売店別	全国的

戦略の比重を縮小し、自社商品が弱い地域、あるいは、特定のチェーン系列の販売店にプッシュ戦略のプロモーション・コストを多く投入するという戦略の可能性もある。ある商品カテゴリーの中で、特定のブランド名が消費者の記憶に残っていれば、計画購入するつもりがなくても、目立つ陳列等により当該ブランドを想起し購入する可能性がある。プッシュ戦略とプル戦略の比較を表 1-1 に示す。

第3節　プロモーションの種類

1　広　　告

　明示された広告主によって、特定の目的を達成するために、コントロールが可能な有料媒体を使用し、比較的広範囲の相手に対して向けられる非人的な情報伝播活動、もしくは、このときに利用されるものを広告（advertising）という。後者を広告の活動と区別して広告物（advertisement）と表現する場合もある。

　具体的な媒体とは、マスコミ 4 媒体（テレビ、新聞、雑誌、ラジオ）の他、インターネット、折り込みチラシ、交通広告、屋外ポスターボード、施設内ポスターボード、POP 広告などを指し、これらを通して、製品・サービスのプレゼンテーションや広告主のメッセージを伝えるのである。多数の人々にメッセージを伝えることができるメリットがあるが、相対的に説得力が弱く、経費がかかる場合が多いとされている。

　なお、POP 広告とは Point of Purchase の略で購買時点の広告を意味する。店頭での広告であり、店内ポスターやプライス・カードがその具体例といえる。ほとんどの広告は店舗外で消費者に認識されるが、POP 広告は店舗内で認識されることが大きな特徴といえる。他の広告により、消費者が特定のブランド名を認知し、それを購入しようと考えていても POP 広告

により他のブランドを購入する可能性もありうる。その意味では、消費者にブランド・スイッチをさせる最終手段の広告といえる。

　近年では、多数の広告の種類の中でもインターネットを媒体とする広告が急激に増えている。インターネットは情報伝達の到達度という意味では従来のマスコミ媒体と比較しても潜在的に広いといえる。さらに、情報にアクセスする個人の嗜好や閲覧パターンに合わせて直接伝達が可能であったり、消費者との双方向でのコミュニケーションが可能なことから、各広告主が注目し、主力の広告ツールとなっている。しかし、情報の種類によっては誰が発信したものかわからないこともあるので、信頼性や安全性をいかに訴求し、不適切な広告とどう区別するか等の課題も残されている。

　ところで、日常的な言葉としての広告は、宣伝と同義としてとらえられることが多々ある。しかし、本来の宣伝（プロパガンダ：propaganda）は、政治的および宗教的な考え方・思想に関する情報伝播活動であり、ビジネス活動やマーケティング活動の一環である広告とは明確に区別されている。つまり、宣伝は政治や宗教に関する主義主張を、不特定多数に対し理性よりも感性に重きを置いて訴求する宣伝方法である。したがって、インターネット上の情報も広告なのか宣伝なのかが明確でない場合は、消費者自身にもそれらを分別する能力が問われることになる。

2　人 的 販 売

　販売の締結を目的とし、見込客に対して行う口頭のコミュニケーション活動が人的販売（personal selling）である。つまり、販売員による対面販売を意味し、小売店頭での接客はその代表例である。しかし、直接、顧客を訪問するケースもあり、製品・サービスの販売はもちろん、契約獲得を職務とするのが販売員である。その職種としては、店舗内での販売担当、外回りを中心とした営業担当、また新規顧客開拓、取引先巡回・受注、販売店支援、専門技術担当など職務内容に応じた種類がある。顧客の反応を見

ながら購買を説得できるというメリットがあり、とりわけ、生産財でのその役割は重要である。なぜなら、生産財は企業、学校、病院、官公庁等が製品を生産ないし業務運営のために購入する商品を指す。そのため、購入する側も当該商品に対する専門的な知識を持っている場合がほとんどである。したがって、個別に担当者が詳細な情報や競合商品との優位性を伝えることが重要視されるのである。しかし、通常は一人の人間が直接行う活動なので、多数の人を相手にすることができず、時間がかかるというデメリットがある。

3　パブリック・リレーションズ

　パブリック・リレーションズ（public relations）とは、「組織体とその存続を左右するパブリックとの間に、相互に利益をもたらす関係性を構築し、維持をするマネジメント機能である」[2] と定義される。つまり、企業に関わるさまざまな団体（パブリック）との間に良好な関係を形成し、維持していくための活動をパブリック・リレーションズという。戦後、アメリカから導入され、PR活動と呼ばれ広報と訳されることもある。対象となるパブリックは、消費者、従業員、取引先、株主、金融機関、政府、マスコミ、労働組合、当該地域住民等があげられる。具体的な手法としては、パブリシティ、施設公開、イベント、広報誌、文化活動、社会貢献活動、寄付等がある。パブリック・リレーションズの目的は、企業からの一方的なものでなく、さまざまな団体との好意的な関係維持活動として双方向な相互交流を行うことにある。たとえば、慈善活動、環境対策や寄付などは企業が社会に貢献していることをアピールすることで、消費者から良好なイメージを形成する役割がある。また、パブリシティはマスメディア等の第三者機関に情報を提供し、報道を促すことで消費者に宣伝するのと同じ効果を得ることができる。

　パブリシティは、「外部から発信され、メディアにとりあげられるよう

なニュースバリューを持つ情報のことである。情報発信者はメディアに代価を支払うことはなく、したがって、メディアの中でそのメッセージがどのように扱われるかを、コントロールできない」3)と定義される。つまり、企業や製品、およびサービスに関する情報が、新聞、雑誌、テレビ、ラジオといったマスコミ媒体に記事やニュース番組として報道もしくは紹介されるものである。広告は媒体利用が有料であるのに対し、パブリシティはマスコミへの働きかけであるために無償で実施される。マスメディアに新製品や企業イメージなどの情報を流し、それら第三者機関が広告ではなく、報道として取り上げるもので、権威があり信頼性が高く、好意的に取り上げられた場合は無償で大きな効果を得ることが可能となる。

　しかしながら、評価する主体がマスコミというあくまで第三者機関であるために、企業側が思い通りのメッセージを伝えられないというデメリットが存在する。広告は各種の法規や倫理綱領に反していない限り、広告主の目的に対して自由な表現が許され、必ず媒体に掲載・放送される。しかし、パブリシティは、報道されるか否か、また、その内容や情報の加工権もマスメディア側にある。つまり、広告は広告主である企業主体で情報を発信し、パブリシティはマスメディア主体で企業の情報を発信することになる。たとえば、自動車メーカーが新車を発表した際に、その専門雑誌にモーター・ジャーナリストが当該の車の批評をした記事が掲載されることが頻繁にある。この場合、ジャーナリストが高い評価をした際は、無償で大きな宣伝効果が期待できる。しかし、批判されたときは、メーカーが自信を持って市場投入した新車であっても消費者にマイナス・イメージを与えてしまう可能性がある。

4　販売促進

　販売促進（sales promotion）は、上述の3つのプロモーション活動を補助し、短期的、即効的な売上の拡大を狙うときに有効な活動であり、販売店の協

表1-2　タイプ別　セールス・プロモーションの手段

消費者向けプロモーション	流通業者向けプロモーション	小売プロモーション
サンプリング	アローワンス	値引き
モニタリング	コンテスト	特別陳列
クーポン配布	特別出荷	チラシ
スイープ・ステークス	販売助成	デモンストレーション
プレミアム		クーポン
増量パック		バンドル
バンドル		
キャッシュ・バック		
コンテスト		

出所：渡辺隆之・守口剛（2011）『セールス・プロモーションの実際』（第2版）日経
　　　文庫を一部修正。

力を得るための活動でもある。セールス・プロモーションあるいはSPと
いわれることもある。その対象は、主に消費者向け、流通業者向け、小売
向けの3つに分けることが可能である（表1-2参照）。メーカーが消費者に
対して直接行うものを「消費者向けプロモーション（consumer promotion）」、
メーカーが流通業者に対して行うものを「流通業者向けプロモーション
（trade promotion）」、流通業者が消費者に対して行うものを「小売プロモー
ション（retail promotion）」という[4]。消費者に対しては、購買を刺激する
ために行うもので、プレミアム、コンテスト、サンプリング、クーポン、
値引き等があげられる。流通業者に対しては、自社製品を仕入れることの
価値を形成させることを目的としている。具体例としては値引き、店頭販
促品の提供、展示会などをあげることができる。下記にその代表的なもの
を挙げて説明する。

(1) プレミアム

　商品を販売するときに景品（プレミアム）を提供することを周知・強調し
て、その商品の売上拡大や普及率を高めることを目的とするプロモーショ
ンであり、プレミアム・キャンペーンとも呼ばれる。無料あるいは一部費
用負担のもとで提供される、購入された商品とは別個の製品、あるいはサー

ビスをいう。方式には、顧客に購入を前提条件として景品を提供する「ク
ローズド懸賞」と、商品を購入した顧客全員に景品を提供する「オープン
懸賞」とがある[5]。

　クローズド懸賞は応募の条件として、当該キャンペーンを行う企業の商
品購入、および利用をして商取引を行うことを前提条件としている。すな
わち、製品やサービスの購入が懸賞やくじに参加する条件となっているの
である。懸賞やくじなどの総称を「スイープ・ステークス」という。抽選
でプレミアムがあたることを消費者に呼びかけ、購買を誘発する販促手法
で、応募者はパッケージに添付されたシールやレシートといった購入証明
を添えて応募する。消費者にとって魅力的なプレミアムであれば多くの応
募を集めることができ、その分当該の製品やサービスの売上向上が期待で
きる。

　オープン懸賞は、キャンペーンを行う企業が消費者を誘引する手段とし
て、広告により応募者を募り、くじ等の方法により金品を提供するもので
ある。オープン懸賞は商品の購入や店舗への来店を条件とせず、ハガキや
インターネット上のホームページ等で応募することが可能である。抽選に
より金品等が提供されるため、取引に不随するものではないことから、景
品表示法上の景品類に該当せず、景品規制が適用されることはない。

　景品類の提供方法は、一般懸賞、共同懸賞、総付け景品の３種に分類さ
れる。一般懸賞とは、抽選やじゃんけん等の偶発性を用いたり、パズルや
クイズの正誤を用いて当選者を決めて景品を提供する手法をいう。共同懸
賞とは、一定の地域の小売業者、商店街、あるいはショッピングモール内
の複数の店舗が、共同で行う懸賞による景品の提供を指す。総付け景品と
は、商品購入、小売店の入店など一定の条件を満たした消費者全員に必ず
提供される景品のことを指す。

　また、景品類の価値には上限があり、オープン懸賞とクローズド懸賞と
では、異なる法規制が制定されている。オープン懸賞において提供できる

景品類については、元来、独占禁止法の「オープン懸賞告示」によって、最高1000万円までとされていたが、2006年にその制限が撤廃され、現在では提供できる景品類に具体的な上限額の定めはない。

　クローズド懸賞において、一般懸賞は、懸賞による取引価格が5000円未満の場合は取引価格の20倍まで、取引価格が5000円以上の場合は10万円までとなっている。共同懸賞は懸賞による取引価格にかかわらず30万円までと、一般懸賞よりも高く設定されている。また、総付け景品は、懸賞による取引価格が1000円未満の場合、200円まで、懸賞による取引価格が1000円以上の場合、取引価格の10分の2までとなっている。

(2) ノベルティ

　ノベルティ（novelty）の意味自体は、「目新しいもの」「珍しいもの」が本来であるが、「記念品」「謝礼品」といった意味合いを込めて贈られる商品を指す。企業名、商品名、店舗の住所や電話番号が記載されている。また、広告メッセージが当該ノベルティに記載されている場合もある。販売員が見込客や顧客に対して配布する場合がほとんどであるが、店頭や路上にて配布される場合もある。ノベルティの具体例としては、新年から使われるカレンダーをはじめ、手帳、手拭き、タオル、ボールペン、ライター、ティッシュ等がある。目的は、プレミアムのように販売促進の即効性を期待するより、将来のために消費者に当該商品、企業、店舗に好意的なイメージを抱かせることにある。

(3) サンプリング

　サンプリングは、見込客に対して商品の見本（サンプル）を配布して、実際に体験させ、愛着を持たせ、利便性を訴求することによって、当該商品の購買に結びつけることを狙いとしている。広告などによって商品名を消費者に認知させても、実際に使用してもらわないと商品の利点や優位性まで理解してもらえない場合がある。とりわけ、タバコやウィスキー等のアルコール飲料は嗜好性が強い。また、女性は購入する化粧品やコモディティ

商品（第2章第3節-1）としてのシャンプー等も好みや自身の体質に適合したと思われるブランドを継続利用する傾向がある。その場合、ブランド・スイッチをする可能性は、一度サンプリングによって試用してもらい、利点を確認して初めて当該ブランドを購入する可能性がある。

　また、サンプリングは新商品などに対する消費者の反応を調査する目的で行われることもある。その方法は、

A．DM による配布

B．戸別配布、街頭配布、店舗配布

C．新聞、雑誌、インターネットのホームページにクーポンを付与し、それを返送してきた人に送付する。

D．展示会など特別の機会を利用する配布

(4) コンテスト

　消費者や販売店、セールスマンなどに対して行うコンテスト（競技）の成果に対して賞品が提供されるもので、その目的は販売促進はもちろん、当該企業への好意・信頼の獲得にある。消費者に対しては、ちょっとした運や労力で、現金や旅行、商品などを勝ち取るチャンスを提供する。コンテストとは、消費者から CM ソングやクイズの答え、デザイン、提案を募集し、審査員が応募作品の中から最優秀作品を選ぶというものである。

　コンテストはセールスマンや販売店に対してのものもある。たとえば、売上コンテストとは、一定期間に売上実績を伸ばすように販売員やディーラーの意欲を駆り立てるコンテストである。コンテストによって販売実績の高い者の意欲を認め、成績優秀者には旅行や賞金その他の副賞が授与され、自動車販売会社等に用いられる手法である。実績に応じてポイントを与え、一定のポイントを達成した販売員にさまざまな賞品を贈る企業もある。売上コンテストが最も効果を発揮するには、達成可能な数値的売上目標（新規顧客の開拓、既存取引の活性化、収益率の向上など）を与えられたときである。

(5) クーポン、値引き、払い戻し

　クーポンの用語自体は「金券」「割引券」「引換券」を意味する。したがって、販売促進におけるクーポンとは、対象となる商品を一定の値引額で消費者が購入できる証書である。対象となった商品を消費者が購入する際、クーポンに記載されている額面金額分の値引きを受けることができる。実施主体で大別すると2種類に分かれる。流通が主体となり、当該店舗またはチェーン系列店で使用が限定される「ストア・クーポン」と、当該のブランド商品を取り扱う多くの店舗で使用が可能な「メーカー・クーポン」がある。提供する方法としては、新聞や雑誌、チラシ、リーフレットやパンフレットに掲載または封入、添付する、商品パッケージに掲載する、街頭で配布する、使用店舗や提携店舗などで配布するなどさまざまである。近年では、インターネットを駆使したモバイル型のクーポンや継続購入や、囲い込みを目的とした会員登録した消費者に対して行われるものもある。また、特定の地域や商店街のみを集めて発行されるフリーマガジン上のクーポンもある。

　値引きもクーポン同様に商品の通常価格から割り引いたものである。その割引価格は、メーカーによって直接ラベルやパッケージに付与される。値引商品のパッケージには、割引価格（2個で1個分の価格など）で売られる単一商品パッケージもあれば、2種の関連ブランド商品（歯ブラシと歯磨き粉、シャンプーとコンディショナーなど）を一緒にしたパッケージもある。短期的な売上増大を期待するには、値引きによる商品パッケージは非常に効果的である。

　払い戻し（キャッシュ・バック）はクーポンと似通っている。異なっている点は、値下げが小売店での購入時でなく、購入後に行われる点である。手法としては、当該商品購入の証である購入証明書（たとえばレシート等）を送付することで、メーカーから直接消費者に対して一定の現金を払い戻す販売促進の手法である。たとえば、ブランド・カテゴリーではなく商品

カテゴリーとして、新規に市場投入された電子タバコなどは、一定期間内に消費者に当該商品を認知してもらい、既存商品との違いを理解させるためにも継続して利用してもらわなければならない。そのため、サンプル等では不十分である。

　本章で検討したプロモーションの4要素（広告、人的販売、パブリック・リレーションズ、販売促進）は、マーケティングの4Pと同様に、それぞれが独立して機能しているわけではない。すなわち、マーケティング目標に応じて4要素を最適に組み合わせることが重要となる。そして、この4要素の組み合わせを、プロモーション・ミックスという。

　たとえば、新製品が市場に導入されたときは、消費者にその製品のブランド名や特徴を明確に認知させなくてはならない。そのために、マスメディア広告を大量に投入したり、パブリック・リレーションズにより当該製品の専門家に批評してもらうことなどの方法が有効である。また、購買の最終意思決定においては人的販売を活用し、製品のより詳細な情報を消費者に伝えることが重要となる。このように製品・サービスの質やライフサイクルの段階の違いによって最適なプロモーション・ミックスを企業は考案することが他企業と競争を勝ち抜く上で重要な要素となる。

注

1) Kotler & Armstrong（2001）和田監訳（2003）p.604
2) Cutlip & Center & Broom（2006）日本広報学会監修（2008）p.8
3) 同前訳書、p.14
4) 小川（2009）p.496
5) プレミアム（景品）、各種懸賞、および景品規制の概要については、販促会議編集部編（2017）pp.198-200、pp.211-215、および p.285 を参照した。

参考文献

池尾恭一・青木幸弘・南知恵子・井上哲浩（2010）『マーケティング』有斐閣

小川孔輔（2009）『マーケティング入門』日本経済新聞出版社

㈱宣伝会議編（2006）『マーケティング・コミュニケーション大辞典』宣伝会議

電通広告事典プロジェクトチーム編（2008）『電通広告事典』㈱電通

販促会議編集部編（2017）『デジタルで変わるセールスプロモーション基礎』宣伝会議

渡辺隆之・守口剛（2011）『セールス・プロモーションの実際』（第2版）日経文庫

Philip Kotler & Gary Armstrong（2001）*"Principles of Marketing Ninth edition"* 和田充夫監訳（2003）『マーケティング原理』（第9版）ダイヤモンド社

Scott M. Cutlip & Allen H. Center & Glen M. Broom（2006）*"Effective Public Relations Ninth edition"* 日本広報学会監修（2008）『体系 パブリック・リレーションズ』ピアソン・エデュケーション

第2章

広告コミュニケーションにおける
高価格製品とコモディティ製品

第1節　プロモーション活動の一要素としての広告

1　消費者行動と広告

　広告とは読んで字のごとく、「広く告げる」ことで、消費者に対して製品・サービスの情報を広く知らせることを、その基本目的としている。英語の advertising は album と同義語で「家の白い壁」をかつては意味していた。ある商店がその店の白い壁に、自分の商っている商品の絵を描いて広告したことから、「白い壁」が広告の意味になったといわれている[1]。現在では、広告を載せる媒体は商店の壁にとどまらず、テレビ、新聞、雑誌、ラジオ、およびインターネットといったあらゆるマス媒体を通じて世界の隅々まで到達している。日米でもテレビを見ない日はあっても広告を見ない日はないといっても過言でないくらい、広告はわれわれの生活に深く浸透しているのが現状である。

　とりわけ国土の広いアメリカでは、日本市場のような全国的な流通政策が困難なため、マーケティング・コストを下げるために、マスメディアによる広告を大量に用いる。日本の自動車メーカーや電気メーカーも、アメリカ市場では日本国内以上の広告費を年間に支出している企業も見受けられる。企業の広告戦略もそれぞれの国に適した戦略変更を余儀なくされている状況である。広告は、国々の文化や社会状況、歴史、人々のライフス

タイルや価値観とともにさまざまな形態をとって存在している。また、現代では人々の暮らしや生活者の価値観も急速に変化している。このような状況下では広告の研究も幅広く、高度になってきている。マーケティングのフレームワークの一要素にとどまらず、今や新製品開発や町おこし等を含め、かなり多岐にわたっている。

　さらに、国際的な高度情報化時代を迎え、われわれの情報環境もますます多用かつ複雑になってきている。情報処理と情報伝達の技術進歩に伴って、社会および産業の情報化も急速に進展している状況である。だからこそ、広告という学問を通して、われわれは生活者としての必要な情報をより有効に磨きぬける能力が必要であるし、グローバルなレベルでの情報を選択できる視野を学ぶことがよりいっそう求められている。広告はそれを研究する者にとっても、何が自分に必要な情報なのか、いかなる効果を狙った情報なのかを理解し、情報の分析に欠かせない人々の生活や判断基準、およびトレンドに敏感になれる絶好の学問である。本章は、われわれの生活に密着している広告に対する関心と研究の重要性がますます高まる中、広告がどのように機能し、いかなる役割を果たしているのかを考察する。

2　広告の定義とコミュニケーションの基本的な考え方

　マーケティング・マネジメントにおいて広告は、第1章で論じた通り、マーケティングの目標を達成するためのマーケティング・ミックスにおける4Pの一つであるプロモーションの中に位置づけられている。

　マーケティング研究の歴史上、広告とは何か、を検討するに際して多数の見方が発表されているが、その導入期にボーデン（N. H. Borden）は次のように定義している。それは、「広告とは、それによって財貨ないしサービスを購買するよう、あるいはそれに描かれた概念、人、商標または機関にたいし好意的に行動するよう、あるいは好意的人情をいだかせるよう、特定の公衆に知らしめ影響を与える目的で、視覚または言葉によるメッセー

ジをかれらにむける活動である。広告メッセージは、いわゆるパブリシティとかプロパガンダと呼ばれる（宣伝の）諸形態とは対照的に、署名や言葉などによって広告主が明確にわかるものであり、さらに出版業者、放送業者またはその他の媒体に対する支払いを伴う商業的取引である」[2] としている。

　一方、コトラー(P. Kotler) はマーケティング・コミュニケーション・ミックスとしての4つのツール（広告、人的販売、パブリック・リレーションズ、販売促進）を構成し、端的に広告を「有料の媒体を使って、提供者名を明示して行う、アイディア、製品、サービスの非人的提示とプロモーション」[3] としている。

　また、数多くの代表的な定義を整理し、共通点ないし強調されている点を拾い上げているものも見受けられる。それは、「広告とは、非人的メッセージの中に明示された広告主が所定の人々を対象にし、広告目的を達成するために行う商品・サービスさらには、アイディア（考え方、方針、意見などを意味する）についての情報伝播活動であり、その情報は広告主の管理可能な広告媒体を通じて広告市場に流されるものである。広告には企業の広告目的の遂行はもとより、消費者または利用者の満足化、さらには社会的・経済的福祉の増大化などの機能を伴うことになるのは言うまでもない。企業の他に、非営利機関、個人などが広告主となる場合もある」[4] としている。

　近年では、ロシターとパーシー(J. R. Rossiter and L. Percy) が「広告コミュニケーションは、どちらかといえば間接的な形で消費者への説得を行うものであると考えられており、製品の便益を、情報あるいは情緒的訴求に基づいて消費者に伝え、消費者の選好を喚起し、購買へと"気持ちを向けさせる"ものである」[5] としている。

　これらの定義事例から共通する最小限の項目は、有料形態、非人的な提示および促進、アイディア・商品・サービス、そして明示された広告主が

あげられる。すなわち、広告の枠付けとして、広告の客体は、製品、サービス、アイディアであり、管理可能である非人的媒体を使用し、独自に選定した消費者に対し、その内容を広告主とともに明確に告知して説得する有料なコミュニケーション活動であることに、今も昔も変わることのない定義とすることに、異論はないのではなかろうか。したがって、さまざまな研究者の定義から次の4点により広告が成立するのである。

・誰が広告しているかが明らかなもの
・有料で行うもの
・テレビ、新聞、雑誌、ラジオなどのメディアを利用して行うもの
・アイディア、製品、サービスを提示したり、勧めたりするもの

　企業がメッセージとして送る広告の目的は、広告の受け手の意見や態度を企業にとって好意的なものにすることである。さらに、広告主としての企業だけではなく、企業が送り出す製品や、提供するサービスに対して広告の受け手に好意的な態度を形成させることにある。広告の受け手の現実の状態に対し、広告された製品・サービスを購入したときの状態が理想の状態であることを、告知することに意義があるのである。換言すれば、潜在的なニーズを充足するために、特定の製品カテゴリーを必要と思う状態にすることである。その役割を広告が担うのであるから、その製品・サービスについて、興味を引き起こし購入したいという欲求を起こさせるために、さまざまなメディア戦略や広告表現が数多く研究されているのである。広告の受け手に購買行動を喚起させる誘引の要素になれば広告は役割を達成したことになる。したがって、広告は情報である以上に説得のコミュニケーションである。だからこそ、マーケティング目標を達成するための一要素となるのである。
　ところで、広告は前述の通り、広告主にとっては情報である以上に説得

のコミュニケーション活動である。だからこそ、マーケティング目標を達成するための一要素となるのである。そして、広告は前章でのごとくプロモーションの中の一つとして位置づけられているが、その種類や性質は、広告する製品やサービスによって多種多様である。人々の欲求を刺激するために、さまざまな戦略もトレンドに反映させて創出されている。

　たとえば、プロダクト・プレースメント（Product Placement）という戦略があるが、これは映画やテレビ番組をメディアとして用いる広告である[6]。企業名やブランド名の看板を映画のシーンの中に登場させ、出演者の台詞にさりげなく、製品名ではなく特定のブランド名を入れる戦略といえる。すなわち、ある映画の登場人物がバーに行き、「ビールをちょうだい」というのではなく、「バドワイザーをちょうだい」と特定のブランド名をあげて注文すれば、それはプロダクト・プレースメントが用いられていることになる。

　このように、車、タバコ、お酒、および雑貨等のメーカーが多額の経費を支払って、映画の中に自社ブランドを紛れ込ませているのが現状である。ハリウッド映画の中に自社製品を登場させるために、100万ドル以上支払うアメリカ企業も多く存在する。これは特殊な広告戦略の一例にすぎないが、このように消費者に広告と認識されない広告も数多く存在する。すべての広告の種類を列挙するのは紙面の都合上、不可能ではあるため、コトラーがコミュニケーション手段の広告として提示したものをまずは下記に示す[7]。

　　・印刷広告、放送広告　　・パッケージ、デザイン　　・パッケージ内の広告
　　・映画　　・パンフレット、チラシ　　・ポスター、ビラ　　・名簿、名鑑
　　・広告の転載　　・屋外広告　　・ディスプレイ広告　　・店頭ディスプレイ

・視聴覚資料　　・シンボル、ロゴ　　　・ビデオテープ

　このようにコトラーのリストにはコミュニケーション手段として広告の種類があげられているが、媒体別にとらえるとさらに細分化される。印刷広告一つを例にとっても新聞広告、雑誌広告、ダイレクトメール広告、レシート広告などさまざまである。また、屋外広告は街の中で見かける看板広告がかつて中心であったが、近年では広告専用車（アドボードカー、アドバイク、アドバイスクル）も多く見られるようになってきた。さらに、日本市場においては組み合わせや制作方法による広告（メディア・ジャック、インフォーマシャルなど）も見受けられる。

　情報技術の発達により消費者は従来からあるメディア（たとえばテレビ、ラジオ、新聞、雑誌）に加え新たなメディア（PC、スマート・フォン、携帯電話、FAX、一部のゲーム機など）によってより多くのコミュニケーションをとることが可能となった。情報技術の進歩によって広告をフィルターとしたコミュニケーションに要するコストは低下し、企業によるコミュニケーションの形態はマスからターゲット・コミュニケーションやSNSの発展により、ワン・トゥ・ワンの対話型へと移行している。

第2節　高価格製品における広告の機能と役割

　ブランド力を構築するためには、広告コミュニケーションの役割が欠かせないのは周知の事実である。もちろん、広告だけが強いブランドを構築する手段ではないし、消費者と企業を結ぶコミュニケーションはあらゆる消費者接点におけるコミュニケーション活動を含むより広義な概念といえる。しかし、日本市場において企業がブランド認知を獲得し、消費者のブランド選択の手掛かりとなるブランド連想を形成するためには、マス広告を中心とした広告コミュニケーションが有効であるのは紛れもない事実である。重要なのは広告の受け手である消費者が当該の広告をどのようにと

らえ、いかに活用しているかを把握することにある。時代によって企業の広告戦略が変化しているように、消費者の広告の受け取り方も変化している。そのため、この節では新たな広告の役割を模索する。その手掛かりとして認知的不協和の理論を再考する。

　ところで、日常品は多岐にわたるメディアを利用しながら、広告を連呼し消費者に訴求することで、イメージを定着させ製品の認知度を高めるのに有効である。買い替えが多い製品のため、ブランド名を認識することで指名購入が期待できる。

　これに対し、高価格製品はいかなる戦略により、リピーターを創造することが可能であろうか。高価格製品の場合、日常品とは対照的に頻繁に買い替えをすることが少ない。また、購入しても同じ製品カテゴリーの他社ブランドと比較することができない。たとえば、冷蔵庫を購入した消費者がいたとする。冷蔵庫は比較的高額な家電製品であり、買い替えるのは故障して使用できなくなった等の必要に迫られた場合に限られる。この消費者は2つ以上の別ブランド製品を小売店から配送してもらい、一定期間、使用してから気に入ったものを購入することは事実上、不可能である。

　もう一つの例を想定してみる。ある消費者が自家用車を購入したとする。当然、自家用車は高価格製品であり、計画購入がなされる。つまり、消費者は事前に広告やパンフレット等で情報を集める。さらに、ショールームに出向き試乗して販売員の意見を参考にするなどの吟味をして購入する製品である。しかし、購入後は自分の購入した車が本当に最良の選択であったかを確認する術がない。仮に、知人・友人に当該車の批評を求め、他車にすべきであったという意見を受けても買い替えは不可能である。

　しかし、高額であるがゆえ、自分の購入した製品は他社に比べて良いものかを確認したい欲求に駆られる。自分のブランド選択の正当性を確認できたら、たとえ日常品のように購入する機会は少なくとも、次回購入する場合は、同一のブランドを選択し、リピーターとなる確率は大きい。なぜ

なら、現代は企業の技術が発達し、ブランド間で品質の差を認識できることは少なく、多くの顧客は安心をブランドに求める。その安心感はブランドによるイメージであり、選択の正当性が確認できれば、そのイメージはますます、向上する。

　ここで重要な要素となるのが認知的不協和の概念である。認知的不協和理論は、人がある意思決定をするとき、頭の中に起こる不安な気持ちと、それを解消しようとする努力に関するものであり、1957年にフェスティンガー（L. Festinger）が発見した。フェスティンガーは、フォードが新車を出す際に、誰が一番熱心に広告を見るのかを調べているときに、この理論を発見した。通常、広告は広告されている製品を購入しようとしている人が、その製品の情報を事前に得ようと熱心に見ると思われる。しかし、実際はフォードの新車を買ったばかりの人が一番熱心に広告を見ていたという事実をフェスティンガーは発見したのである [8]。フォードの新車を購入したばかりの人とは、これからそれを購入する可能性の一番低い人々である。新製品告知や製品販促を目的としていた情報伝達手段である広告が、売上に結びつかないのであれば、当初、企業は予想外の結果を得て戸惑ったであろうことは容易に想像がつく。なお、認知的不協和が生じる過程を図2-1に示す。

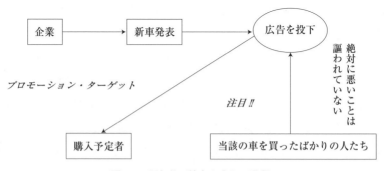

図2-1　認知的不協和が生じる過程

また、図 2-2 に示すように、情報の接触過程で、顧客は当該のブランドを選択した意思決定の正しさを自分に納得させたいという欲求が購買後に生じる。当該の広告はこの目的のために非常に適切である。なぜなら広告は、購買行動を喚起させるためのものだから、不協和を顧客に認識させるようなことは絶対に謳われていない。多くの購買は妥協の産物であるため、顧客は自身の購買行動に関して購買後に不協和を感じるのである [9]。そのため、不協和を軽減するために当該の広告に注目するのである。顧客が購入した当該ブランドと代替のブランドに明確な品質の差があるとき、購買後の評価は当然、その差に基づいてなされるであろう。しかしながら、今日のように技術が発達した状況下では、明らかな品質差を立証することの方が困難である [10]。製品の基本機能を補完する二次的要素であれば、ブランド間に差は出てくる場合もあるが、製品の基本機能における水準では、このことは顕著であると思われる。それでも購入者は自分のブランド選択に不安を持つ場合が多い。友人や知人に、良い物を買ったのか、悪い物を買ったのかの評価を問うことはその好例である。したがって、購買後の評価は客観的なものではなく、大部分が認知的不協和が解消されたかに依存することになる。

　なお、フェスティンガーはこの認知的不協和の研究において、自動車の

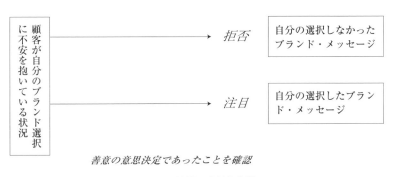

善意の意思決定であったことを確認

図 2-2　情報の選択的接触

広告には、広告を行おうとしている車種のことだけを礼讃するような材料が含まれているから、次のような結果が期待できるとしている [11]。

1. 新しい車の持主たちは、買ったばかりの車に関する広告を、他の方の車の広告よりも、たくさん読むであろう。

2. 新しい車の持主たちは、彼らが一度は考慮してみたが実際には買わなかった車に関する広告を読むことを回避しようとするであろう。

3. 同じ車でも古い型の持主たちは車の広告を読む上で、ほどんど、または全然このような差別をしないであろう。なぜなら、彼らの不協和はすでに大部分は除去されているか、あるいは少なくとも安定化しているであろう。それに、最新型のあらゆる魅力的な特徴を強調している新車の広告では、2年前の古い型の車を持っている人の心にまだ残っている不協和を低減させるわけにはいかないであろう。

したがって、広告を送り出す企業側も、売上高にいかに相関があるかという観点ばかりで広告をとらえるのではなく、買い手の購買後に、必然的に起こるこの不協和をいかに解消できるかに広告の役割の一つがあることを認識する必要がある。広告効果の既存の研究と異なり、認知的不協和は量的に測定することは不可能とされている [12]。しかし、認知的不協和が速やかに解消されれば、買い手はその製品、あるいは当該ブランドに対して満足感を持ち、以後、その種の製品を買うときは、そのブランドを買うことに動機づけられることになる。

ところで、1957年の古い理論をあえて再検証する理由は、現代における情報環境の変化にある。インターネットの普及により誰しもが情報の受発信者になれる今だからこそ、広告活動として、認知的不協和を解消できるシステムを導入することが重要課題なのである。換言すれば、マスメディアを用いた広告は、企業からのワンウェイの情報発信なので、対象者との双方向の対話ができる場を創造できれば、いっそう強力な広告戦略となる。現代では、車を購入したばかりの人が、当該車の特集記事が掲載されてい

る雑誌を購入する傾向がある。本来、雑誌を購入するより、すでに所有しているわけであるから、ガレージに出向いて現物を眺めて使用説明書を読んだ方が、はるかに情報量は多く確実なものである。しかし、雑誌を購入して人々はブランド選択の正当性を確認して、自らを納得させているのである。インターネットが普及し消費者は求める情報を在宅しながら獲得できるようになった。だからこそ、マスメディア広告とは異なった広告コミュニケーションが必要である。

　具体的には、製品を購入した顧客のデータ・ベースをもとに広告としてEメールを、対象者個別に配信して対応するというシステムを構築することが一例として考えられる。そうすれば、既存の顧客データ・ベースを拡張し、さらなる嗜好やニーズの詳細な情報を蓄積していくことも可能になる。広告の送り手は、アフターサービスとして当該製品・サービスを購入したことの意義や使用方法を送ることができる。また、顧客に対して製品・サービスに何を求めているか、あるいは、今後どのように企業との関係構築を望むか（DM、電話、Eメール、訪問、コンタクト不要等）の意見を求めることもできる[13]。顧客が製品購入後、自分の選択が正しかったかを納得するために、マスメディアの広告を自ら探求しなくても済むのであるから、認知的不協和も自然と解消され、当該企業に対するブランド・イメージは向上することになる。

第3節　コモディティ製品の広告戦略

1　コモディティ製品の特徴

　マーケティング理論上でコモディティという用語に関して明確な定義がなされていない。「商品」、「日常品」あるいは「生活必需品」と訳されているのが現状である。しかし、商品の意味一つをとっても、単なるグッズ

（Goods）や、マーケティング戦略を実施し、他企業の競合商品と差別化を
はかって成立する商品としての意味でのマーチャンダイズ（Merchandise）
など多様である。したがって、この場では市場の動向を踏まえつつ、「コ
モディティ製品」と「コモディティ化」の意味を明確にする必要がある。

　コモディティ（Commodity）という単語自体は、com（一緒の）＋mod（尺度）
＋ity（状態）からなり、「単一の尺度で測れる状態になったもの」[14]と解
釈することが可能であると思われる。パインⅡ（B. J. Pine Ⅱ）とギルモア（J.
H. Gilmore）は、コモディティを次のようにとらえている。「もともとコモディ
ティという言葉は、自然界から得られる産物を指す。植物なら地上で栽培
し、収穫をする。鉱物なら地中から掘り出し、採掘する。動物なら地上で
育て、食肉として解体する。企業は、そうして得たコモディティに若干の
加工や精製を施し、大量に貯蔵して市場に運ぶ」[15]としている。また、「差
別化できないので、コモディティ市場は需要と供給のバランスだけで価格
が決められる」[16]とも述べている。確かに、メーカーによって加工され
る以前の産出物であれば、品種や等級などの若干の差異はあるにせよ、同
じ等級であればまったく差別性を認識することができず、代替可能な製品
となる。

　一方、コモディティ製品についてケラー（K. L. Keller）は「コモディティ
とは、極めて基本的であるために消費者の心の中で物理的に差別化できな
い製品のことである。しかし、各製品カテゴリーで消費者が意味ある差異
を確認するとブランド化される可能性がある」[17]と述べている。また、
ステープル・グッズ（Staple Goods）と同義語でとらえる見解も見受けられる。
それは、「頻繁かつ規則的に購買される日常必需品（主要商品）であり、恒
常的な需要があるため小売店は常時在庫しておく必要がある。多くの場合、
ブランドによって差別化されることが殆ど無く、主として価格に基づき販
売され、コモディティとよばれる」[18]としている。

　これらの考察から、コモディティ製品とは、人が生活する上で日常必需

品であり、基本的な機能や便益が備わっていれば購入する商品群であると理解できる。また、同じ製品カテゴリーにおいてブランド要素が明確に消費者に認識されていないといえる。すなわち、競合企業の製品との機能やベネフィットの差別性が示されていないために、ブランド力の構築がなされていない状況である。

　消費者行動の観点でいえば、コモディティ製品とは高価格製品や嗜好性の要素が強い商品とは対照的に、頻繁に定期的に購買されるものである。また、消費者は計画的にそれらを購入するわけではない。洗剤、シャンプー、歯磨き粉、トイレットペーパー等を想定すれば明白なように、日常生活においてたまたま容器が空になりそうだからとか、買い置きがなくなって最寄り店に買いに行くものである。そのため、小売店側は、恒常的な需要があるため常時在庫しておく必要があるが、コモディティ製品の多くは、ブランドによって差別化されることが少なく、主に価格に基づいて購入される傾向にある。

　したがって、コモディティ製品の場合、消費者にとって日常不可欠な商品ではあるが、企業間では価格競争に陥りやすく、「あちらの店の方が安い価格で売っていた」等の理由により選択されるケースが多いのが現状である。スーパー等の小売店では主力商品であるが、メーカーにとっては価格競争を余儀なくされる商品群である。モノ不足の時代においては、チェーン・システムを展開している小売店にとっては、常に消費者の手元に配置し安価に提供することがリピーター確保のために重要な訴求点となるが、市場が飽和している状況下ではコモディティ製品は必要な量だけ手に入ればよいのが現状である。

　さらに、これらは趣味や嗜好により消費される製品とは異なり、コモディティ製品を購入することは楽しみとはならない。したがって、消費者はその消費を必要最低限に抑えるため、価格に大きく左右される。消費者が評価するサービスや特定ブランドを購入するためにコモディティへの支出は

極力倹約される傾向となるであろう。つまり、どの家庭にとってもコモディティ製品はなくては困るものではあるが、その消費量は世帯人員数に大きく影響される。洗剤、歯磨き粉、さらに食品の調味料等は一家族が共同で使用するものである。現在の日本市場のように、シングル・マーケットが脚光を浴び、単身世帯数が増加する状況下ではコモディティ・マーケットは縮小の一途をたどり、価格競争が激化することが必至である。以上のことから、コモディティ製品の特徴を示すと下記のようになる。

① 頻繁かつ規則的に購入される日常必需品
② 恒常的な需要がある
③ ブランド要素に差別性を発揮しにくく、消費者にとって代替可能
④ 消費量が市場規模に相関して縮小する
⑤ 価格競争を余儀なくされる

2 現象としてのコモディティ化

一方、「コモディティ化」の意味に目を移すと、パインとギルモアは、「自社製品やサービスが差別化できなくなり、マージンは底抜けに低下し、消費者はひたすら価格の安さだけを基準に製品を買う」[19] という状態のことをコモディティ化としている。また、コトラーは、供給者側が購買者に対する駆け引きの戦術として、その意味を示している。それは、「決め手が価格だけだとほのめかす方法である」[20] としている。

ところで、上述に例としてあげた日常必需品の多くは、新製品として市場に投入される時点でコモディティとして消費者にとらえられることを企業は想定していない。つまり、それらの多くは連日、マスメディア広告によって当該のブランド・イメージを定着させようと戦略がねられている。その意味では、明らかに市場導入の時期はマーチャンダイズ商品である。現に、1980年代までシャンプー市場における売上1位の製品コンセプトは「フケ、かゆみを抑え髪の汚れを素早く落とす」というものであった。

そのため、どのメーカーも同様なコンセプトで競合ブランドを投入したため、価格競争が激化していた。やがて、消費者ニーズに変化が見られ、「髪のコンディショニングを整える」というコンセプトが脚光を浴び、一部のメーカーのそのコンセプトが消費者に認知されると、かつての定番商品が崩壊し、そのコンセプトの商品が市場で No.1 となった[21]。しかし、現在のシャンプー市場はすべてのメーカーが、このコンセプトを念頭に新製品を企画しているので、類似品が店頭に並び、一部の有名美容室の店名をブランドに付与したものを除いては価格競争が起こっているのが現状である。

　このようにコモディティ化とは、消費者ニーズに適合し高付加価値であった製品の市場価値が低下し、一般的なものとなり価格によってブランドが選択される状態になったことを意味する。したがって、製品導入期には高価格である商品も製造、販売、流通経路の確立により、どのメーカーのものも差別性がなくなり、求めやすい価格で販売されるような傾向もコモディティ化といえる。

　世帯普及率が急速に高まった、パーソナル・コンピュータや携帯電話などは、その典型的な例であるといえる。PC は今や規格化された部品を組み立てれば製品として成立するので、技術を要せずに容易に価格競争に陥っており、技術としての競争優位性が各社保たれていない。また、携帯電話は安価な加入料金を徴収するだけで、電話本体は無料のケースもありうる。通話・メールの料金も価格の安さをプロモーションの訴求内容の第一義としている。これはサービスを売るために製品を無償で提供しているといえる。たとえ、無形性のサービスであっても取引が成立すれば商品である。かつては、サービス提供に使われる製品よりもサービスそのものを消費者は高く評価していたが、サービスも規格化と認識されると価格競争が起こる。

　コモディティ製品自体の意味は前述の①～⑤の特徴がある商品であったが、コモディティ化の流れはあらゆる市場で起こりうる。ハイテクの集合体である高性能製品や無形財としてのサービスさえも価格だけで取引が可

能な程度に品質・内容が標準化されてしまえば、コモディティ化を意味するのである。したがって、企業間の価格競争を回避するためにも、ブランドにより消費者が選択するような戦略策定が必要になる。換言すれば、コモディティ製品はブランド化し、付加価値が付与されて導入された製品・サービスはライフサイクル上でコモディティ化の到来を防ぐことが急務となる。

3 コモディティ製品のブランド戦略

　企業間のブランド競争が価格競争に巻きこまれないように、基本の製品コンセプトは維持しながらも、それを拡大・分散することにより消費者に指名購入を促す戦略が行われている。とりわけ、飽和状態にあるコモディティ製品の市場ではそれが顕著に現れている。

　新製品ブランドが市場に導入され、消費者が当該ブランドを購入することをトライアル購入と呼び、再びそのブランドを購入したことをリピート購入と呼ばれる[22]。このトライアル購入とリピート購入には製品コンセプトの概念が大きく影響する。製品コンセプトとは、一例として「新製品開発において見込み客の反応を知るために準備される言葉や絵による表現」[23]と理解される。したがって、消費者は広告を中心としたプロモーションにより、当該製品を得たときのイメージを描き、コンセプトの内容を理解することになる。そのため、トライアル購入は製品の品質ではなく、コンセプトを受け入れたにすぎない。

　たとえば、ある食品の新製品ブランドが市場に導入され、企業がプロモーション活動を行ったとする。消費者はテレビの CM 等を見て好印象を得ると「美味しそうだ、試してみよう」と思い購入することになる。この状況下では新製品であるがゆえに、今まで購入したことがないわけであるから、あくまでもプロモーションによって創造された製品コンセプトに反応して購入したことになる。そして、実際にその食品を食べて満足すれば、

再購入し、この場で初めて製品の品質自体を受容したことになる。

　このことは、とりわけコモディティ製品の場合には戦略上、重要な要素となる。コモディティ製品とは日常必需品を意味し、頻繁に定期的に購買されるものであり、消費者は計画購入するものではない。そのため、コモディティ製品の多くは、ブランドによって差別化されることが少なく、主に価格に基づいて購入される傾向にある。したがって、コモディティ製品の場合、消費者にとって日常不可欠な商品ではあるが、企業間では価格競争に陥りやすい商品群である。企業間の価格競争を回避するためにも、ブランドにより消費者が選択するような戦略策定が必要になる。換言すれば、コモディティ製品をブランド化することが急務となる。

　これまでのコモディティ製品は消費者にとって、なければ困るが、あったからといって特別な意味を持つものではなく、必要なときに必要な量だけ手に入ればよいものにすぎなかった。それは製品のコンセプトが、どのブランドも同様なものがほとんどだったからである。たとえば、歯磨き粉を例にとるとわかりやすい。歯磨き粉の製品コンセプトは市場競争が激しくない時代には、単に「歯の汚れを落とす」というのが一般的であった。ところが、競争が激しくなるにつれ、各企業とも製品ラインを拡張して、それぞれのブランドを差別化した製品コンセプトを創造している。虫歯予防、口臭予防、美白効果、歯槽膿漏予防等のコンセプトを導入し、消費者のベネフィットを細分化している。このような状況になると消費者は自分のニーズに対応したブランドを選択購入することになり、価格による選択を企業側は免れることになる。また、就寝前は虫歯予防の製品コンセプトを選び、出掛ける前には口臭予防のものを使用し、週に1回は美白効果のものを使用するなど、一人の消費者がそれぞれの用途に合った複数のブランドを同時に買い揃える可能性も出てくる。いずれにせよ、「歯の汚れを落とす」という基本の製品コンセプトは維持しながらも、消費者ニーズに適合した新たなコンセプト製品を創造することが重要である。

また、上述の食品のカテゴリーでいえばコモディティ製品の典型として
はインスタント・ラーメンがあげられる。インスタント・ラーメンが市場
に導入された当初の製品コンセプトは「お湯を入れるだけで、気軽に空腹
を癒す」というものであった。その製品自体が認知されコンセプトが理解
されるとライフサイクル上で成長期に入り、他企業が参入してくる。各企
業が似たような製品コンセプトでは、値段によって消費者は選択すること
になる。そこで、豚骨、塩、醤油のように味つけを細分化し好みや気分に
よって選択されるような状況を製品コンセプトを通して提供したのである。
昨今のようなラーメン・ブームでは、有名ラーメン店の店名をブランド名
にするなど、「空腹を癒す」という製品の基本コンセプトは維持しながらも、
それを拡大、分散して消費者ニーズに応える差別優位性をコンセプトの中
に導入している（図2-3参照）。

　コンセプトは消費者に理解され認知されて初めて、指名購入される可能
性が出てくる。したがって、広告コミュニケーションによるコンセプトの
創造が不可欠である。日常品であるからこそ製品を購入したときのベネ
フィットを訴求して、使用機会を提案するのである。歯磨き粉の広告例で

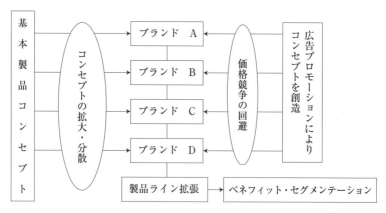

図 2-3　製品コンセプトの拡大・分散

いえば、虫歯予防の製品コンセプトでは、子供を登場させ歯を磨くことの重要性を訴え、美白効果のものでは、タレントを登場させて使用後の効果を訴えるのである。また、歯槽膿漏などを予防する製品コンセプトでは歯科医師による推奨広告が多々見られるのは消費者に対して当該ブランドの購入後の差別優位性を訴えるためである。広告コミュニケーションにより、コンセプトが確立できれば、消費者に対するブランド・イメージが定着し、価格ではなく、ブランドによって指名購入されることが期待できる（図2-4参照）。

　逆にコンセプトを拡大あるいは、分散しにくい製品は価格が下落し、縮小の一途をたどる。トイレットペーパーや洗濯洗剤がそれにあたる。トイレットペーパーの新たな使用機会や用途をコンセプトに導入するのは困難であるし、洗濯洗剤は濃縮洗剤が市場に登場して以来、「さらに白く」というように当該ブランドは他のブランドと比較してより強く汚れを落とすという製品コンセプトが継続している。消費者は各社ともに技術に差がなく、どのブランドでも汚れが落ちることを認識している。企業がこれ以上の製品コンセプトを創造できないでいる典型的な例である。消費者行動の観点から見ても、趣味や好みにより消費される製品とは異なり、コモディ

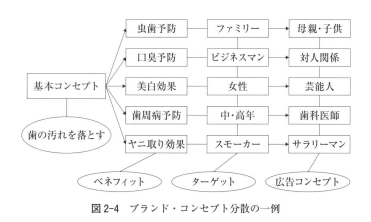

図2-4　ブランド・コンセプト分散の一例

ティ製品を購入することは楽しみとはならない。したがって、消費者はその消費を必要最低限に抑えるため、価格によって大きく左右される。さらに、どの家庭にとってもコモディティ製品はなくては困るものなので、その消費量は世帯人員数に大きく影響される。現在の日本市場のように、シングル・マーケットが脚光を浴び、単身世帯数が増加する状況下では価格競争が激化することが必至である。だからこそコモディティ製品のブランド化が重要な観点となるのである。

4　ブランド・イメージと広告コミュニケーション

　消費者は、ブランドに対するイメージを広告によって定着させることも多々ある。上述の広告コミュニケーションにより製品コンセプトが確立されると指名購入が期待できるのは、ブランド・イメージが消費者に対して定着した好例といえる。そのため、この場ではブランド・イメージと広告コミュニケーションの関連性を考察する。

　広告の役割はブランド主張の手掛かりとなるだけでなく、ブランド・ネームとそれを明確に結びつけ、他のブランド・メッセージに対抗してそれを維持するという課題を持っている。換言すると、ブランド・エクイティの構築に向けた広告戦略は、自社ブランドを競合ブランドから差別化しうる首尾一貫したメッセージやコミュニケーションの方法を含まなくてはならない。

　問題はブランド知識を構成する主要な要因であるブランド・イメージを通して、広告がブランド・エクイティにどのような影響を与えるかということである。バイエル（A. L. Biel）は、ブランド・イメージとは、ブランド・エクイティに影響する「ブランドと結びついた連想」、すなわち、「消費者がブランド・ネームと結びつけて考える属性や連想の固まり」であると主張する[24]。この過程をブランド・イメージに及ぼす広告の影響という視点から詳細にとらえているのがキルマーニ＝ザイサムル（A. Kirmani and V. Zeithaml) のモデルであると思われる。

　図2-5が示すように、ここでの特徴としては、ブランド・イメージに大きな影響を与える要因として「知覚品質（perceived quality）」を中心に、それに対する広告の影響を明確にしようと試みている点にある。

　知覚品質は、製品の全体的な優位性に関する消費者の判断であり、具体的な属性よりも抽象度の高い概念である。図2-5からも明らかなように、それは直接的に品質に言及することによって知覚品質に影響できる。他方、広告は、知覚価値ないしブランド態度という構成概念を通して間接的にブランド・イメージに影響する。またブランド態度を決定する要因の一つでもある 25)。

　知覚価値は、一つの製品に対する消費者の全体的な評価のことである。たとえば、品質や満足感に基づく評価や価格に対する評価のことである。そしてそれは、製品のブランド・イメージやポジショニングに基礎を置くことができる 26)。

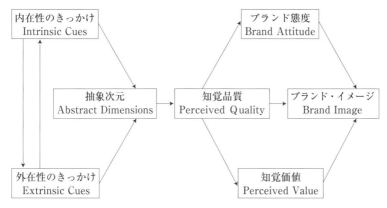

図2-5　知覚品質モデル（The perceived quality model）

出所：Kirmani and Zeithaml（1993）*"Advertising, Perceived Quality, and Brand Image,"* in D. A. Arker and A. L. Biel（ed.）, *Brand Equity & Advertising: Advertising's Role in Building Strong Brands,* Lawrence Erlbaum Associates, Publishers p.145.

広告が知覚品質にいかに影響を及ぼすのかを理解するには、どのように品質知覚が形成されるかを考察しなくてはならない。品質を推定するものも、この知覚品質モデルに示されている。その場合、品質のシグナルとなるのが、「内在性のきっかけ」と「外在性のきっかけ」である。前者は、製品の具体的で物理的な特性ないし、低レベルの特定のブランドの信念である。たとえば、製品の色、生地、燃費、馬力などである。これに対し後者は、製品に関連してはいるが、物理的な製品の一部ではなく、それを変更しても物理的な製品を変更したことにはならないものである。たとえば、ブランド・ネーム、広告レベル、品質に対する外在性のきっかけである保証などがそれにあたる 27)。

　上述の簡単な例としては、わが国の自動車産業の広告がある。エアバック付きの機能を訴えることで、安全対策が備わっているというブランド信念を勝ち取ったのは、内在性のきっかけによるものであるとしたら、外在性のきっかけとしては、価格、アフターサービス、販売店といった製品の外部にあたる属性を指すのである。

　このように、キルマーニ＝ザイサムルのモデルは、何らかのきっかけ（内在性および外在性）を通じて消費者がブランドの品質を知覚する段階（＝品質知覚）を経て、一方ではブランドへの態度の形成が、また他方ではブランドの持つ価値の知覚が想起され、両者の経路からの影響の可能性を持ちつつ、品質知覚もブランド・イメージの形成へ直接的に影響を及ぼすという複線的な過程モデルの形態をなしているのである。

　広告はその中で明示的に品質に訴えることによって、直接に知覚品質に影響できる。また内在性のきっかけや外在性のきっかけを通して、あるいは抽象的次元から引き出された全体的な品質に関する推定を通して、間接的に知覚品質に影響できる。そのことにより消費者のブランド・イメージを形成するのである。

　広告は、さまざまな連想のコミュニケーションを通じて良好なブランド

記憶の内容と構造を形成する。特にブランドのさまざまな属性、きっかけについて消費者が受けた広告コミュニケーションと、それによってもたらされたブランド記憶・認知や情緒的な連想が、購買時点で実際の製品ないしブランド選択に差異的な影響を及ぼすことになる。ここにブランド・エクイティの構築における広告の役割があると思われる。

　また、広告コミュニケーションの面からとらえた強いブランドの特徴として、強力なブランドはその製品カテゴリーの中で、突出性を持っていることや、消費者が信頼性と競合との差別性を知覚していること、製品コンセプトを定着させやすいこと、あるいはブランドと結びつく視覚的イメージを持っていることがあげられる。これらを構築するためには広告がきわめて重要な役割を担うことも先に述べた通りである。

　一方、ブランド・エクイティに目を向けると、それを構成する各資産概念との概念的区別の問題をはじめ、その測定や具体的な管理問題に至るまで未解決な部分が残されている。特に高水準のブランド認知と肯定的なブランド・イメージをもたらすというケラーのブランド知識概念や、キルマーニ＝ザイサムルの広告・コミュニケーションの影響もより緻密な理論展開が望まれるであろう。

　また、個別製品レベルでのブランド・エクイティを向上する上で、企業全体のイメージ広告も有効であると思われる[28]。そこでの論点は、企業広告と個別製品広告との関連、前者による企業全体でのエクイティの向上と後者によるブランド・エクイティの向上とがいかに連結されるかということである。とりわけ多数の製品広告が同時に展開される場合、各ブランド・エクイティ相互間の相乗効果や全体としてのエクイティないし企業エクイティの評価が重要となる。

　いずれにしても、今後、企業がブランド概念を中心としたマーケティング・マネジメントを行う上で、ブランド・イメージについての評価を見直し、もう一度、広告コミュニケーションにおける観点からブランドを見直

すことがますます求められると思われる。

注

1 ） 田内（1991a）p.162
2 ） Borden and Marshall（1959）片岡訳編（1964）p.425
3 ） Kotler（1991）村田監修（1996）p.520
4 ） 小林（1983）p.12
5 ） Rossiter and Percy（1997）青木・岸・亀井監訳（2000）p.4
6 ） 梶山（2005）p.224
7 ） Kotler（2000）恩蔵監修（2001）p.671
8 ） 田内（1991b）pp.64-65
9 ） Schiffman and Kanuk（1991）p.34
10） 田内（1991b）p.66
11） Festinger（1957）末永監訳（1983）p.51
12） 田内（1991a）pp.64-65
13） ブレインゲイト㈱（2002）pp.186-190
14） コモディティの用語に関しては、「IT media INK. 情報マネジメント用
語辞典」http://www.atmarkit.co.jp/aig/04biz/commoditize.html（2019
年9月1日アクセス）
15） Pine Ⅱ and Gilmore（1999）岡本・小高訳（2005）p.20
16） 同前訳書、p.20
17） Keller（1998）恩蔵・亀井訳（2000）p.48
18） 宮澤・亀井監修（2004）p.145
19） Pine Ⅱ and Gilmore（1999）、同前訳書、p.10
20） Kotler（2000）恩蔵監修（2001）p.249
21） 高谷（1996）pp.34-38 を参照。
22） トライアル購入とリピート購入に関しては、大木・石井・山中（2001）
p.74 を参考にした。
23） 宮澤・亀井監修（2004）p.151
24） Biel, A. L.（1993）p.70
25） Kirmani, A. and V. Zeithaml（1993）p.144
26） Ibid., p.146
27） Ibid., pp.146-147
28） アーカーはブランドが果たすさまざまな役割をブランドの階層性を示

した上で述べている。そこでは、ソニーのウォークマンやアサヒのスーパー・ドライのような、その登場により企業イメージ全体が変化するブランドの存在や、将来の成長力の確保に向けて、戦略的に育成するべきブランドについても論じている。詳しくは、Arker（1996）pp.110-114

参考文献

「IT media INK. 情報マネジメント用語辞典」http://www.atmarkit.co.jp/aig/04biz/commoditize.html（2019年9月1日アクセス）

青木幸弘・陶山計介・中田善啓編著（1996）『戦略的ブランド管理の展開』中央経済社

雨宮史卓（2001）「産業構造の変化とブランド概念の進展」『マーケティング流通戦略』白桃書房

雨宮史卓（2005）「製品コンセプトの拡大と広告プロモーション」『マーケティング論概説』記録舎

雨宮史卓（2006a）「アメリカの広告事情」『アメリカを知る』なでしこ出版

雨宮史卓（2006b）「ホスピタリティ概念におけるコモディティ商品の一考」『HOSPITALITY』（第13号）日本ホスピタリティ・マネジメント学会

雨宮史卓（2008）「企業と消費者を結ぶ広告コミュニケーション」『コミュニケーション・マーケティング』白桃書房

雨宮史卓（2009）『ブランド・コミュニケーションと広告』八千代出版

梅沢昌太郎・雨宮史卓編（2005）『マーケティング論概説』記録舎

大木英夫・石井禎・山中幸信（2001）『マーケティング計画の立て方・つくり方』日本能率マネジメントセンター

荻迫一郎監修（1997）『広告』二期出版

梶山皓（2005）『広告入門』（第4版）日本経済新聞社

小林太三郎（1983）『現代広告入門』（第2版）ダイヤモンド社

島田陽介（2003）『これが流通の「新常識」です。』オーエス出版

田内幸一（1991a）『市場創造のマーケティング』三嶺書房

田内幸一（1991b）『マーケティング』日本経済新聞社

高谷和夫（1996）『時間マーケティング』産業能率大学出版部

棚部得博編著（2000）『マーケティングがわかる辞典』日本実業出版社

宮澤永光・亀井昭宏監修（2004）『マーケティング辞典』（改訂版）同文舘出版

ブレインゲイト㈱（2002）『ブランディング』日本能率協会マネジメントセンター

和田充夫（2002）『ブランド価値共創』同文舘出版

Biel, A. L.（1993）*"Converting Image into Equity,"* in D. A. Arker and A.

L. Biel (ed.), *Brand Equity & Advertising: Advertising's Role in Building Strong Brands*, Lawrence Erlbaum Associates, Publishers.

B. Joseph Pine II and James H. Gilmore (1999) *"The Experience Economy"* 岡本慶一・小高尚子訳 (2005)『経験経済 脱コモディティ化のマーケティング戦略』ダイヤモンド社

Borden, N. H. and M. V. Marshall (1959) *"Advertising Management: Text and Cases,"* Homewood, Illinos Richard. D. Irwin 片岡一郎訳編 (1964)『広告管理』日本生産性本部

D. A. Arker (1996) *Building Strong Brands*, The Free Press.

John R. Rossiter & Larry Percy (1997) *"Advertising Communications & promotion management"* 青木幸弘・岸志津江・亀井昭宏監訳 (2000)『ブランド・コミュニケーションの理論と実際』東急エージェンシー出版部

Kevin Lane Keller (1998) *"Strategic Brand Management"* 恩蔵直人・亀井昭宏訳 (2000)『戦略的ブランド・マネジメント』東急エージェンシー出版部

Kirmani, A. and V. Zeithaml (1993) *"Advertising, Perceived Quality, and Brand Image,"* in D. A. Arker and A. L. Biel (ed.), *Brand Equity & Advertising: Advertising's Role in Building Strong Brands*, Lawrence Erlbaum Associates, Publishers.

Leon Festinger (1957) *"A Theory of Cognitive Dissonance"* 末永俊郎監訳 (1983)『認知的不協和の理論』誠信書房

Leon G. Schiffman & Leslie Lazar Kanuk (1991) *"Consumer Behavior"* Englewood Cliffs, N. J.: Prentice-Hall.

Philip Kotler (1984) *"Marketing Essentials"* 宮澤永光・十合晄・浦郷義郎訳 (1990)『マーケティング・エッセンシャルズ』東海大学出版会

Philip Kotler (1991) *"Marketing Management: Analysis, Planning, Implementation and Control"* Prentice Hall 村田昭治監修 (1996)『マーケティング・マネジメント』(第7版) プレジデント社

Philip Kotler (2000) *"Marketing Management Millennium Edition"* 恩蔵直人監修 (2001)『コトラーのマーケティング・マネジメント』(ミレニアム版) ピアソン・エデュケーション

Philip Kotler & Gray Armstorong (2001) *"Principles of Marketing, Ninth Edition"* 和田充夫監訳 (2003)『マーケティング原理』(第9版) ダイヤモンド社

第 3 章

企業と消費者間の共感性と広告コンセプト

第 1 節　企業と消費者間の共感性

1　広告コンセプトの考え方

　アメリカの広告業界に流布している有名な広告コンセプトに関わる話がある。長い冬が終わった、春うららかなある日に「私は盲目」というプラカードを持ったホームレスがいた。しかし、足下に置かれたお金入れの空き缶はまったく音を立てないでいた。そのとき、たまたま通りかかった心優しき広告マンがホームレスに近づき、「どれどれ、私にそのプラカードと筆を貸してごらんなさい」といって、ホームレスの看板に一言つけ加え、「春なのに私は盲目」という表現にしたという。すると、たちまちその缶はお金で一杯になったと伝えられている[1]。

　この状況は、ホームレスを広告主、プラカードを広告、ホームレスの前を行きかう人々を消費者と見立てることができる。通行人という健常者に向けて「私は盲目」と訴求するのは、広告主という情報発信者の立場で一方的に語るアナウンス（告知）でしかない。一般の人々は盲目であることがどのような状況にあるかを理解し、同情はできても、自らとの接点が見出せない。その結果、どうしても他人事となってしまう。しかし、これも広く「告知」するという元来の広告概念の観点から考えれば、その認知度向上という目的は達成されている。つまり、盲目の人がその場に存在して

いる事実のみを訴求しているのである。しかし、盲目者の目的は、あくまでも通行人からお金を恵んでもらうという「説得」行為にあるはずである。そこでその場に登場した広告マンは、情報の発信者と受け手に共感性が得られるメッセージを作成したのである。すなわち、誰もが平等に享受できる季節の恵みである「春」というキーワードを提供したのである。盲目者と健常者を結ぶキーワードとなった「春」は人々の憐憫の情に訴え行動に移させた。この状況こそ「説得」であるといえる。

　広告は当該のコンセプトに消費者と広告主の間に共感性がないと一方通行になり、相互性を見出すことが困難になり、どんなに目立つ広告であっても消費者が購買行動等を起こす可能性は低くなる。広告コンセプトは広告主が消費者に対する広告コミュニケーションにおいて、設定したターゲットに対し、当該の広告で何を伝え、どう説得するかが集約されている必要がある。そのため、広告主と消費者がお互い共感できる概念の研究が必要となる。

　本章では、その手掛かりとなる広告の「3Bの法則」、色彩マーケティング、ポストモダン・マーケティング、そして、時間の概念を検討する。広告の「3Bの法則」と色彩マーケティングは、広告主や企業によって消費者に訴求された概念ではなく、広告に対する立場に関係なく、人々の経験的法則によるものである。また、ポストモダン・マーケティングは広い視点で消費者を生活者としてとらえる概念である。一方、時間の概念は万人に対して時間が有限であるという一般的認識である。つまり、1日という期間、1ヶ月という期間、1年、数年という期間は広告に関わる立場に関係なく、人々にとって有限かつ平等な時間が提供される。その限られた時間の中で、企業や広告主はさまざまなマーケティング戦略を立案し、消費者は自身のニーズが効率良く満たされるように消費者行動を行う。すなわち、広告主にとって時間は経営資源となり、消費者にとっては消費資源となる。したがって、時間の概念は立場にかかわらず資源という共通要素を

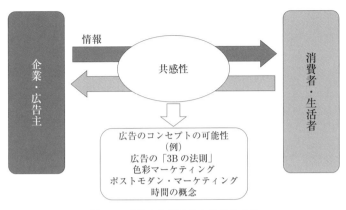

図 3-1　広告主と消費者を結ぶ共感性

見出すことができるため、より企業と消費者間で共感性を得る可能性がある。広告主と消費者を結ぶ共感性の概念図を図 3-1 に示す。

2　広告の「3B の法則」

　広告における「3B の法則」という定説がある。ここでいう 3B とは、① Beauty（美人）、② Baby（赤ちゃん）、③ Beast（動物）を意味し、効果的な広告表現やコンセプトを創造するのに役立つ経験的法則である。

　Beauty に関しては、美人は男性好感度が上がるばかりでなく、女性からも憧れや可愛らしさによって好感が持たれる。近年ではイケメンという美男子を表現する造語もある。現に、テレビ CM 等では美容関係の商品には美人とされる人物が登場することが圧倒的に多いし、男性をターゲットとした商品にも美しい女性が登場することがある。たとえば、車などはその好例であり、人の心をつかんで離さない当該車種の魅力を、男性が拒否できない美人になぞられて表現されている。さらに、交通広告において週刊誌の広告が多くあるが、その週の記事を伝えるタイトルには、女性が事件に関連すると、加害者であっても被害者であっても「美人」という表

記が文頭に記されることが多くある。美人か否かということは各個人の主観的な問題であるが、広告主や消費者という立場を超えて誰しもがBeauty という表記に注意し着目するからである。そのため、人物に限らずポスターやリーフレット等にも、観光地や各地域の名所とされる美しい景観や夜景の写真や絵画が数多く登用される。

　Baby に関しては、赤ちゃんや小さな子供の可愛らしいイメージは多くの人の心を惹きつける。家族をターゲットとした商品の広告には数多く起用されている。ホームビデオカメラの広告では、幼い子供が運動会で奮闘している姿を父親が録画している情景が表現されていたし、ミニバンという家族で共用する車種の広告には育児に積極的に参加する父親を想定させるイクメンという造語も発生している。また、赤ちゃんに誰しもが感じる純粋さは希望に満ちた未来のイメージを醸し出すのに最適であり、多くの企業がその広告塔に活用している。

　最後に Beast であるが、種類が多いため、さまざまなターゲットに対する訴求が可能となる。近年はペットブームともいわれ、個人あるいは家族で飼いやすく身近となった犬や猫はその典型である。携帯会社のテレビCM では家族の父親が白い犬という設定であったし、消費者金融の CM でも子犬が登用されていた。さらに、小動物に限らず虎やライオンは力強さや俊敏さ、サイや象はその体型から安全性を表現するのに適している。また、動物が持つイメージだけでなく、動作などに目をつけた表現も可能である。たとえば、亀の動きは、童話になぞられて、忍耐強さや企業の地味な努力を表現できる。また、ある輸入車の CM では頭を静止したまま体を動かせるというニワトリの特徴を自社の安定した走行を可能にする技術を象徴するものとして登場させている[2]。

　元来、広告は人を惹きつけ、その内容を理解させることが重要である。広告の「3B の法則」は多くの人を着目させるのに非常に適している。すなわち、誰しも美しいものに好感や憧れを抱き、幼い子供に愛おしさを抱

き希望を見出し、可愛いペットに癒されるのである。したがって、3B は
性別、世代、地域、収入、学歴などのデモグラフィックにかかわらずさま
ざまなターゲットに通じる要素であり、企業、広告主、販売者、消費者と
いった立場や役割を選ぶこともない。さらに、3B の要素はマーケティン
グ戦略によって、あるいは各企業の努力によって消費者に植えつけたもの
ではなく、人々が生活する上で自然に身についた経験的な要素である。そ
のため、広告のコンセプトや表現に活用され共感性が得られるのである。

3　色彩マーケティング

　上述の広告の「3B の法則」同様に、人々が経験的に身につけた概念と
して、色彩マーケティングという考え方もある。人々は日常生活をする上
で意識するか否かに関係なくさまざまな色彩に囲まれている。消費者とし
て商品の購入を意識した際に色彩の種類によって、当該商品の品質、等級、
ブランド、価格帯を見極める場合がある。また、衣服など身に着けるもの
には各個人の好みがあるし、人は色によって気分やイメージが変わる場合
もある。さらには、季節感をイメージさせる色彩も存在する。

　たとえば「緑」を飲料のパッケージに意識したときは、飲料の種類をお
茶と思うであろうし、タバコのパッケージに示されていれば喫煙者でなく
てもメンソールと思い浮かべるであろう。同様に、緑系の色彩であっても
冷凍食品のパッケージに示されていればバジルを想定するであろうし、家
電製品の広告に付与されていれば購入予定者に環境や節電を意識させる商
品と理解させることができる。また、特定の商品カテゴリーにおいてはブ
ランドを消費者に認識させることも可能である。スターバックス・コーヒー
は、シンボルマークのデザインは変更されても、長期にわたり色の種類は
緑色を基調として多くの消費者に認識され集客力を向上させている。その
ため、スターバックス以外のコーヒー店は、色合い、シンボルマークだけ
でなく、店舗のデザイン、店内のパンフレットに至るまで、スターバック

スを模倣しているものが数多い³⁾。とりわけ、緑を基調とした色合いのロゴはそれが顕著であり、スターバックス以外のコーヒー店でもペーパーカップ等にデザインされたシンボルロゴは緑を基調とするものが多い。これは、スターバックスというブランドがコーヒーのカテゴリーではトップ・ブランドと消費者に認識されているため、コーヒーを欲する消費者の多くが緑という色彩を目指す傾向にあるからである。すなわち、緑という色彩がコーヒーの商品カテゴリー、あるいはカフェと多くの消費者に認識されているのである。

　また、自動販売機に「赤」が示されていれば、ホット・ドリンク、「青」であればコールド・ドリンクと、消費者は無意識に当該商品を見極めることが可能である。商品カテゴリーによって、活用される色の種別は異なるが、色そのものに暖かさ（温かさ）を感じるものと冷たさを感じるものがあり、それぞれ暖色、寒色と呼ばれている⁴⁾。これは、人々の気持ちや感情とも関連がある。そのため、寒い季節は温まりたい意識があるので暖色系の服を選好し、夏は涼しさを感じたいので寒色系の服や青を基調とした水玉模様がその季節の定番になっている。

　さらに、複数の色彩の組み合わせによっても消費者にさまざまなことを意識させることができる。「赤」と「緑」の組み合わせによって、季節感は誰しもクリスマス・シーズンを感じることができる。「金」と「銀」ではお正月シーズンの到来を意識するであろう。別の観点からでは、特定の商品カテゴリーのパンフレット等が「金」と「銀」を基調としていれば、品質の高級感や、等級においてはプレミアム感や希少性を意識させることが可能である。さらに、チョコレートという商品カテゴリーに「銀」や「黒」を意識させるとビター、「赤」や「白」でソフト、スイートといったように味覚を対照的に示すことも可能になる。

　このように色彩は多種多様であり、とりわけ商品のパッケージやチラシ広告、DM等は色彩によって商品の品質や価値、および商品のイメージを

消費者に訴求することができる。つまり、企業は消費者に対して色彩での
コミュニケーション効果が可能となり、販売効率を向上させることができ
るのである。色彩における販売色としてのコンセプトは次の5種類に分け
て考察できる[5]。

① 商品イメージ色：その商品らしさを象徴する色。

② ブランド・イメージ色：当該ブランドを象徴する色。

③ 流行色（ファッション色）：それぞれの商品カテゴリーにおいて、ト
　 レンドに影響されて流行する色。

④ 個性色：個人の好みの色。

⑤ 品質色：色彩によって、軽い・重い、暖かい（温かい）・冷たい、ク
　 ラシック・モダン、辛い・甘い、グレード別、価格帯、季節感など、
　 さまざまな品質イメージを表現して、販売に貢献するもの。

　ところで、①商品イメージ色、②ブランド・イメージ色は、上述のスター
バックスの例にあるように先発ブランドとしてあるいはトップ・ブランド
として同一商品カテゴリーにおける、シンボルマークやロゴを中心とした
長期的マーケティング戦略の成功から成立するものである。しかし、一旦、
消費者に当該ブランドに特定の色彩が認識され、それが定着すると、⑤品
質色と同様に経験的な個別認識によって特定の商品カテゴリーへの購買行
動を促すことになる。つまり、③流行色（ファッション色）、④個性色以外
の販売色は、企業や広告主から一方的に訴求されて定着したものではなく、
経験的な法則によって成り立つものである。そのため、「3Bの法則」と同
様に、企業と消費者がコミュニケーションをはかる上で共感性を見出せる
ため、色彩マーケティングの概念は広告を表現する際にも大いに検討の余
地があることになる。

4　ポストモダン・マーケティングと広告

　マーケティング分野における「ポストモダン」の概念は、アメリカのハー

シュマン（E. Hirschman）とホルブルック（M. B. Holbrook）の論文「快楽消費」（1982年）において初めてポストモダン・マーケティングとしての方向性が示唆された。それは既存の消費者行動調査が、市場が飽和している状況下で、現代の消費者ニーズがいかなるもので、その調査が新製品・サービスの開発や改良に役立っているかという疑問を呈するものである。モノが溢れている社会の移り気な消費者の心理を把握するには、文学・映画・音楽・テレビ等の研究が必要であるとの主張を生んだ。現に商品一つを消費者が選ぶにしても、必要な情報は広告からしか得られないわけではない。今や消費者は、インターネット等の新しいメディアや口コミ等、さまざまな情報を総合して、商品の価値を判断している。その意味では、品質の競争よりも情報の内容で企業は勝負しているといっても過言ではない。したがって、広告主は人々が受け取るすべての情報を検討・調査しながら、その震源地として広告を創造する必要がある。

　ところで、広告は時代を映し出す鏡であると表現する人がいる。しかしそれは、学校や職場でテレビCMやそのコピーが話題になるという単純なことを意味するわけではない。広告は常に生活する人々の願望や欲求とともに存在し、その時代における人々の欲求の変化やトレンドの変化とともにその姿を変化させている。また、広告の内容、そして役割・機能は同じ時代でも国によって、地域によってさらに細かく変化していく。したがって、広告主となる企業はさまざまなことに敏感に対応するマーケティング努力が必要である。とりわけ、成功しているアメリカ企業の強さは資本力よりもマーケティング力によるものだとの指摘を耳にする。つまり、その時代の消費者ニーズに合った製品・サービスを創造し、好みに合った売り方をするというアメリカ企業のやり方が、その強みの根源であると思われる。

　一方、アメリカ企業に対しての日本企業の強みは消費者を肌で感じ取れるということにあった[6]。およそ昭和40年代までの日本のマーケティン

グは今ほど複雑ではなかった。なぜなら、当時の日本人は価値観やライフスタイルが同質であったからである。つまり、売り手が自分で欲しいと思うモノが、そのまま買い手の欲するモノであったのである。すべて自分の身に即して考えればマーケティングは十分に機能したのである。したがって、広告の創造も「この商品をこんな感じで使用すれば生活が便利になるだろう」という提案をしていれば間に合っていたのである。ところが、日本経済が成長を遂げ、次々と新製品が吸収されると、人々の価値観やライフスタイルは変化し、同質であることが困難となった。そのため、アメリカ企業が行っているリサーチを通じてのマーケティング努力が欠かせなくなった。市場が飽和している現代も勝ち残っている企業はさまざまなヒット商品を生み出しているのが現状である。それは、マーケティング努力によるものといっても過言ではない。

　たとえば、日本市場のモノだけを見ても、かつての三種の神器以降、経済成長や人々の欲求の上昇に合わせてさまざまなブームが沸き起こってきた。平成の時代になってからは、カーナビ、パソコン、携帯電話を平成三種の神器と呼ぶ人さえいる。これらの商品は昔でいえば、特撮やアニメの中のヒーローが使用する架空のモノであった。それが、現実となり必需品になっている。これも企業のマーケティング努力の賜物である。さらに近年は、モノから心へ、つまりモノがもたらす豊かさが飽和して、気分や経験、理想の人のライフスタイルさえも人々の欲求の対象である。広告は人々の欲求を念頭に創造され、人々の欲求を刺激する。広告にイメージ・キャラクターといわれるタレントやスポーツ選手がよく登場するのはそのためである。有名人が推奨している商品を購入することで、憧れの人のライフスタイルに近づけると思わせる戦略である。その意味でも、広告は人々の夢や欲するものを創造するコミュニケーション活動であるといえる。

　当然、人々の欲求はその時代を生きる人々の暮らしの中に存在する。したがって、広告自体もそのコンセプトも人々の暮らしに密接に関わってい

る必要がある。つまり、広告を研究領域とする場合、単に消費者や広告を眺める視聴者としてだけでなく、生活者としての実態を良く知ることが必要である。そのために、今後の課題解決の一つの方策として「ポストモダン」の概念を取り入れる必要がある。なぜなら、従来の「大量生産・大量消費」というマス・マーケティングでは、消費者を生活者としてとらえることなく、人々を定量的に扱い、購買行動についての仮説検証を行うことに重点を置いてきた。こういったアプローチは、商品が提供する本質的な機能で消費者が満足できた時代には問題がなかったが、消費者ニーズが多様化している現在では適確に市場をとらえられないという批判も見受けられる。そこで、過去から現代までのさまざまなものを混成させ、新たな魅力の発見を試みる「ポストモダン」の概念に基づくマーケティングの考え方が提唱されるようになった。

　周知のごとく、現代は商品の本質的な機能だけで、企業が競争優位を勝ち取ることは不可能である。たとえば、ファッション性の高い衣服等は、ブランド価値に代表されるように、感覚的・情緒的要素が重要となるし、実用性が重視される家電製品および食品においては、環境に配慮するなどの社会的要素が中心となる。また、芸術性に関わる映画や音楽に関しては、元来の消費者行動研究では限界がある。さまざまな製品・サービスにおいて実体をつかみにくい象徴的要素が重要視されているのが現状である。

　したがって、ポストモダン・マーケティングでは、生活全体や文化といったより広い視点での理解を目指し、消費者を生活者として考察する。購買行動だけではなく、製品・サービスの使用体験、そして廃棄プロセスまで消費全体を一体としてとらえるのである。そしてまた、購買行動の要因となる生活者心理をより適確に把握することで、新たな製品・サービスの開発・改良に繋がる、新しいコンセプトの創造を試みるのである。

　その調査方法は、定性的アプローチが用いられる。客観的に調査対象者をとらえるのではなく、対象者に対する共感的な理解や分析者の主観的な

解釈を重視する点に特徴がある。たとえ、企業に携わり広告を制作する立場にある人も、日常生活においては他の商品を購入している状況にある。つまり、当該広告を市場に投下する立場であっても普段はそれを購入する消費者と同じ生活者であるという立場を忘れては共感的な理解を得ることはできない。換言すれば、広告主であっても自身を含めた生活者の視点で広告コンセプトを創造しなければ、広告対象者から共感的理解を得ることはできない。ここでも、広告主と消費者の共感性がいかに重要なファクターであるかが理解できる。したがって、従来からの科学的な調査方法をとるのではなく、多様化する生活者の価値観を把握しようとする調査方法であるといえる。さまざまな観点において消費者ニーズが簡単に見出しにくくなった成熟社会では、このようなポストモダン調査が従来の調査方法だけではブレイクスルーを見つけ出すには限界があることから、「ポストモダン」という新たなマーケティング概念とともに広告コンセプト研究だけでなく、次世代における消費者研究の有力なツールとして提唱されている。

第2節　時間の概念と共感性

1　国民生活時間の行動分類

　NHK が 1960 年から 5 年ごとに行っている「国民生活時間調査」というものがある。これは、人々の 1 日の生活を時間の面からとらえ、生活実態に沿ったテレビ放送を行うのに役立てるためである。これによると、国民の 1 日の生活行動を次の 3 つに大別している（表 3-1）。

　この行動分類を 1 日の生活時間に当てはめると、下記のようになる[7]。

　① 　必需時間：個体を維持向上させるために行う必要不可性の高い行動。
　　　睡眠、食事、身のまわりの用事、療養・静養からなる。

　② 　拘束時間：家庭や社会を維持向上させるために行う義務性・拘束性

表 3-1　国民生活時間の行動分類

大分類	中分類	小分類	具　体　例
必需行動	睡　眠	睡　眠	30 分以上連続した睡眠、仮眠、昼寝
	食　事	食　事	朝食、昼食、夕食、夜食、給食
	身のまわりの用事	身のまわりの用事	洗顔、トイレ、入浴、着替え、化粧、散髪
	療養・静養	療養・静養	医者に行く、治療を受ける、入院、療養中
拘束行動	仕事関連	仕　事	何らかの収入を得る行動、準備・片付け・移動なども含む
		仕事のつきあい	上司・同僚・部下との仕事上のつきあい、送別会
	学　業	授業・学内の活動	授業、朝礼、掃除、学校行事、部活動、クラブ活動
		学校外の学習	自宅や学習塾での学習、宿題
	家　事	炊事・掃除・洗濯	食事の支度・後片付け、掃除、洗濯・アイロンがけ
		買　い　物	食料品・衣料品・生活用品などの買い物
		子どもの世話	子どもの相手、勉強をみる、送り迎え
		家庭雑事	整理・片付け、銀行・役所に行く、子ども以外の家族の世話・介護・看病
	通　勤	通　勤	自宅と職場（田畑などを含む）の往復
	通　学	通　学	自宅と学校の往復
	社会参加	社会参加	PTA、地域の行事・会合への参加、冠婚葬祭、ボランティア活動
自由行動	会話・交際	会話・交際	家族・友人・知人・親戚とのつきあい、おしゃべり、電話、電子メール、家族・友人・知人とのインターネットでのやりとり
	レジャー活動	スポーツ	体操、運動、各種スポーツ、ボール遊び
		行楽・散策	行楽地・繁華街へ行く、街をぶらぶら歩く、散歩、釣り
		趣味・娯楽・教養	趣味、けいこごと・習いごと、観賞、観戦、遊び、ゲーム
		趣味・娯楽・教養のインターネット	趣味・娯楽・遊びとしてインターネットを使う＊
	マスメディア接触	テ　レ　ビ	BS、CS、CATV、ワンセグの視聴も含む
		ラ　ジ　オ	らじる★らじる、radiko（ラジコ）からの聴取も含む
		新　聞	朝刊・夕刊・業界紙・広報紙を読む（チラシ・電子版も含む）
		雑誌・マンガ・本	週刊誌・月刊誌・マンガ・本を読む（カタログ・電子版も含む）
		CD・テープ	CD・デジタルオーディオプレイヤー・テープ・パソコンなどラジオ以外で音楽を聞く
		ビデオ・HDD・DVD	ビデオ・HDD・DVD を見る（録画したテレビ番組の再生視聴・ネットで配信されたテレビ番組の視聴も含む）
	休　息	休　息	休憩、おやつ、お茶、特に何もしていない状態
その他	その他・不明	そ　の　他	上記のどれにもあてはまらない行動
		不　明	無記入

＊仕事や学業上の利用は、それぞれ「仕事」「学業」に分類。メールは「会話・交際」に分類。

出所：NHK 放送文化研究所『2015 年　国民生活時間調査報告書』p.4　https://www.nhk.or.jp/bunken/research/yoron/pdf/20160217_1.pdf（2018 年 12 月 1 日アクセス）

の高い行動。仕事関連、学業、家事、通勤・通学、社会参加からなる。

③　自由時間：人間性を維持向上させるために行う自由裁量の高い行動。マスメディア接触、積極的活動であるレジャー活動、人と会うこと・話すことが中心の会話・交際、心身を休めることが中心の休息、からなる。

　上述のように、1日を24時間単位で考えると、必需時間、拘束時間、自由時間に3分類することが可能である。時間というものは有限である。さらに、人によって自由時間は短く感じ、拘束時間は比較的に長く感じるという感覚的な違いや、3分類された各時間の長短は人々のライフスタイルや、当該日の計画によって異なるが、24時間は誰しもに平等に与えられる。また、時間の概念は1日という単位に限らず、1週間、1ヶ月、半年、1年間、あるいは四季など誰しもに有限であり平等である。

2　必需時間の増減

　この3分類された時間をマーケティングや商業の観点から考えると、商取引や消費者の購買行動が遂行されるのは自由時間が一番多いと思われるのが一般的であろう。そのため、24時間という制約の中で、自由時間が拡大すれば、人々は自身の趣味や娯楽等に時間を費やすことが可能となり、購買行動がより活発になると考えられる。そのためには、必需時間あるいは、拘束時間が減少していくことが必要である。しかし、1980年代からの急速なITの普及によりビジネス環境が過去とは変化し、拘束時間が縮小した企業もあるが、厚生労働省は食生活や運動習慣について調べた「国民健康・栄養調査」で次のような見解を示している（2018年9月）。その内容によると、全国の20歳以上の男女6589人を対象に、1日の平均睡眠時間を調査したところ、男性では6時間以上7時間未満が35％で最も多く、次いで5〜6時間未満が28.6％だった。女性でも同様に6〜7時間が最も多く、5〜6時間が32.9％だった。睡眠時間が6時間未満の人の割合は、40

代で最も大きく、40代男性で 48.5％、40代女性で 52.4％に上った。女性では 50代でも 51.6％と半数を超えている。仕事や家事の負担が主な原因という見解も厚生労働省は示している。

5時間未満の人も 40代男性で 11.3％、50代男性で 10.8％存在する。女性でも 40代の 10.6％と 50代の 11.5％は 5時間未満しか眠っていない。20〜30代も仕事や子育て等で忙しいイメージがあるが、睡眠時間が 6時間未満の人は、20代男性で 42.1％、30代男性で 43.5％である。20代女性では 41.3％、30代女性は 37.7％で 40〜50代を下回っている。「ここ 1か月間、あなたは睡眠で休養が十分とれていますか」という質問に対して、「あまりとれていない」または「まったくとれていない」と答えた人の割合は、全体で 20.2％となり 2009年以降増加傾向にある。年代別では 20代で 23.2％、30代で 27.6％、40代では 30.9％に上り、50代でも 28.4％となっている。40代では 3人に 1人が十分に休めていないことになる。定年退職後はゆっくりと睡眠をとれる人が多いのか、60代では 15％、70代では 9.9％にとどまっている [8]。

このように、ITの普及によりビジネス環境は過去とはかなりの変化をしたが、厚生労働省の調査結果を見る限りでは、拘束時間は増加傾向にあり、必需時間や自由時間が減少する傾向は見られない。また、近年では政府の施策として「働き方改革」が叫ばれ、隠れた労働力（女性や高齢者）を活用するために、勤務開始時間や終了時間を柔軟に決められる仕組みを取り入れ、個人のライフスタイルに合わせた職場を提供する企業努力も一部には見受けられる。しかしながら、この施策からの企業努力は「働き手を増やす」「出生率の上昇」「労働生産性の向上」の 3点に焦点があてられるものであり、決して拘束時間を減少させることを目的とした施策ではない。

このことは、人々が生活を維持する上で必至な必需時間において一番占有率が高いと思われる睡眠時間を時系列で概観しても明らかである。表 3-2は、上述の NHKが実施した「国民生活時間調査」における 1995〜2015

年までの国民全体の睡眠時間量の推移である [9]。国民全体の 1 日の平均睡眠時間は、2015 年現在で平日 7 時間 15 分、土曜 7 時間 42 分、日曜 8 時間 3 分である。平日＜土曜＜日曜の順に睡眠時間が長くなるのは、フレックスタイム制度を実施している企業が出て来てはいるが、20 年間では不変である。しかし、土曜に限っては 20 年間で 3 分間の微減であるが、平日は 12 分の減少、日曜は 15 分減少した結果が出ている。男女別・世代別で見てみると、とりわけ男性 40〜60 代の平日の睡眠時間の減少が顕著である。20 年間で男性 40 代は 29 分の減少、男性 50 代は 31 分の減少、男性 60 代は 34 分の減少である。対照的に、仕事の時間量の 20 年間の推移は男性有職者 40 代・50 代で著しく増加傾向にある。男性有職者 40 代で 1995 年時の 8 時間 36 分から 2015 年時は 9 時間 22 分で 46 分の増加、50 代で 8 時間 12 分から 20 年間で 9 時間 4 分になり 52 分の増加である。この時系列で調査された国民全体の睡眠時間量の推移は、上述の「ここ 1 か

表 3-2　睡眠の時間量（3 曜日・国民全体・男女年層別）

【全員平均時間】(時間 分)		平日					土曜					日曜				
		'95	'00	'05	'10	'15年	'95	'00	'05	'10	'15年	'95	'00	'05	'10	'15年
国民全体		7:27	7:23	7:22	7:14	7:15	7:45	7:38	7:47	7:37	7:42	8:18	8:09	8:14	7:59	8:03
男	10代	7:53	7:51	7:53	7:36	7:47	8:29	8:13	8:59	8:36	8:28	9:14	9:10	9:01	8:36	8:46
	20代	7:21	7:20	7:17	7:18	7:27	7:52	8:02	*7:26*	*7:48*	*7:43*	8:27	8:14	8:36	*7:59*	*8:25*
	30代	7:12	6:57	7:04	7:11	6:59	7:51	7:45	7:17	7:37	7:46	8:31	8:21	8:16	8:04	8:21
	40代	7:19	7:11	7:06	6:43	6:50	7:40	7:25	7:28	7:21	7:27	8:12	8:07	8:13	7:56	8:00
	50代	7:22	7:16	7:09	6:58	6:51	7:44	7:35	7:36	7:15	7:25	8:13	8:06	7:56	7:48	8:00
	60代	7:54	7:48	7:41	7:26	7:20	8:03	7:37	7:59	7:32	7:35	8:21	8:02	8:06	7:57	7:56
	70歳以上	8:32	8:40	8:18	8:07	8:11	8:26	8:20	8:20	8:16	8:12	8:46	8:43	8:36	8:28	8:07
女	10代	7:31	7:31	7:42	7:38	7:33	8:10	8:03	8:42	8:29	8:41	8:59	8:55	9:11	8:58	9:02
	20代	7:20	7:14	7:23	7:24	7:18	7:54	8:00	7:59	7:56	*8:06*	8:11	8:29	8:28	8:21	*8:27*
	30代	7:06	6:56	7:03	7:00	7:05	7:18	7:20	7:59	7:35	7:46	7:58	7:52	8:26	7:53	7:55
	40代	6:53	6:47	6:43	6:28	6:41	7:07	7:00	7:22	7:06	7:08	7:50	7:39	7:46	7:25	7:50
	50代	7:01	6:58	6:51	6:45	6:31	7:04	7:02	6:57	7:06	6:57	7:41	7:34	7:24	7:25	7:22
	60代	7:33	7:17	7:16	7:09	7:05	7:41	7:08	7:18	7:05	7:15	7:48	7:27	7:41	7:26	7:26
	70歳以上	8:23	8:07	8:09	7:46	7:50	8:15	8:07	8:11	7:48	8:04	8:43	8:06	8:26	8:12	7:58

注：斜体は、サンプルが 100 人未満で少なく、誤差が大きいので参考値

出所：NHK 放送文化研究所『2015 年　国民生活時間調査報告書』p.47　https://www.nhk.or.jp/bunken/research/yoron/pdf/20160217_1.pdf（2018 年 12 月 1 日アクセス）

月間、あなたは睡眠で休養が十分とれていますか」という質問に対して「あまりとれていない」または「まったくとれていない」と答えた人の割合が40代で跳ね上がり、2009年以降それが増加傾向であり、主に仕事の負担が原因であるという厚生労働省の見解を正しく裏づけるものである。

　一方、同じ必需時間の中でも身のまわりの用事の時間量は増加している。表3-3は同じくNHKが実施した「国民生活時間調査」における、洗顔・入浴・着替え、化粧など「身のまわりの用事」の時間量の1995～2015年の推移である。この調査によると、2015年時国民全体で平日・土曜・日曜とも1時間12分で曜日による差はない。1995年時と比較しても曜日の差はほとんどなく、20年間で8～9分増加したことになる。男女別に見ると、女性には化粧の時間が身のまわりの用事に加わるため、1995年時から世代別にかかわらず男性よりも10分程度長かったが、時間増加の比率も女性の方が顕著である。とりわけ、30代の平日の女性は20年間で17分増加、

表3-3　身のまわりの用事の時間量（3曜日・国民全体・男女年層別）

【全員平均時間】（時間 分）		平日					土曜					日曜				
		'95	'00	'05	'10	'15年	'95	'00	'05	'10	'15年	'95	'00	'05	'10	'15年
国民全体		1:03	1:05	1:07	1:08	1:12	1:03	1:06	1:07	1:10	1:12	1:04	1:05	1:08	1:10	1:12
男	10代	0:52	0:53	0:55	0:56	0:58	0:51	0:52	1:00	0:54	1:01	0:50	0:51	0:57	0:54	1:00
	20代	0:56	0:57	0:53	0:58	1:04	0:56	0:56	*1:03*	*0:57*	*0:59*	0:58	0:56	0:57	*1:03*	*1:02*
	30代	0:57	0:57	0:57	1:01	1:03	0:55	0:58	0:59	1:01	1:00	1:03	0:56	1:02	1:07	1:01
	40代	0:56	0:55	0:58	1:00	1:03	0:58	0:56	0:56	1:04	1:03	0:57	0:55	1:05	0:59	1:08
	50代	0:57	0:55	1:01	0:59	1:05	1:00	0:56	1:03	1:05	1:06	0:55	0:57	1:02	1:06	1:07
	60代	1:00	1:00	1:00	1:03	1:04	1:01	0:59	0:59	1:06	1:03	1:00	1:03	0:59	1:01	1:06
	70歳以上	1:02	1:01	1:02	1:04	1:09	1:00	1:03	1:05	1:03	1:06	1:04	1:00	1:04	1:00	1:11
女	10代	1:08	1:07	1:10	1:04	1:15	1:09	1:13	1:12	1:15	1:14	1:11	1:08	1:10	1:17	1:21
	20代	1:20	1:19	1:25	1:24	1:29	1:19	1:27	1:26	1:33	*1:22*	1:21	1:25	1:29	1:24	*1:31*
	30代	1:08	1:13	1:19	1:20	1:25	1:08	1:11	1:12	1:19	1:20	1:08	1:14	1:18	1:21	1:18
	40代	1:05	1:09	1:12	1:16	1:20	1:04	1:09	1:16	1:15	1:23	1:06	1:10	1:11	1:17	1:18
	50代	1:08	1:10	1:10	1:13	1:21	1:08	1:12	1:12	1:09	1:23	1:07	1:07	1:13	1:17	1:18
	60代	1:08	1:11	1:11	1:14	1:15	1:08	1:10	1:10	1:16	1:11	1:08	1:09	1:11	1:14	1:11
	70歳以上	1:08	1:16	1:16	1:14	1:18	1:04	1:16	1:02	1:16	1:25	1:09	1:17	1:09	1:14	1:13

注：斜体は、サンプルが100人未満で少なく、誤差が大きいので参考値

出所：NHK放送文化研究所『2015年　国民生活時間調査報告書』p.51　https://www.nhk.or.jp/bunken/research/yoron/pdf/20160217_1.pdf（2018年12月1日アクセス）

40 代でも 15 分増加と際立っている 10)。

　また、ポーラ文化研究所の調査によると、女性が朝の化粧にかける時間は年々長くなっているという結果が出ている。1991 年の調査では 15〜64 歳の女性において 11 分以上の人は 15％であったが、2009 年の調査では 45％に達している 11)。

　直近 3 年間の調査では、女性全体の化粧にかける時間の推移は、2015 年 14.4 分、2016 年 14.7 分、2017 年 15.1 分と上昇をしている。さらに、15〜24 歳の若い世代では化粧に時間をかける人が多く、平均で 20 分を超えるとしている 12)。このように、国民全体でも身のまわりの用事にかける時間は増大傾向にあり、女性の場合は化粧の時間が加わるので顕著にその傾向が強まる。また、女性の化粧に費やす時間は世代によってかなりの差異があることがわかる。国民全体においては 20 年間で 9 分の増加であり、40 代・50 代男性の平日の睡眠時間が 30 分前後減少したことと比べると微増に見える。しかしながら、国民全体の 2015 年時の平日の平均睡眠時間は 7 時間 15 分であり、身のまわりの用事の平均時間は 1 時間 12 分である。したがって、同じ必需時間の範疇である睡眠時間と比較した場合、わずか 9 分の増加であってもかなりの比率で身のまわりの用事の時間は増大していることになる。

　また、時計メーカーのシティズンホールディングス株式会社はビジネスマンの必需時間（睡眠、食事、身だしなみ、通勤、勤務）を 5 項目に分けた上で、1980 年〜2010 年までを時系列で調査している。NHK の調査においては「身のまわりの用事」という表現であったが、こちらの調査はビジネスマンに特化しているために、「身だしなみ」という表現になっている。ビジネスマンに必須な 5 項目の時間の増減がわかりやすい。この 5 項目を「国民の生活時間行動分類」に当てはめると、睡眠時間、食事時間、身だしなみの時間が必需時間であり、通勤時間、勤務時間が拘束時間ということになる。

　この表 3-4 からも、必需時間の中の睡眠時間、食事時間は減少傾向にあ

り、とりわけビジネスマンの睡眠時間の減少は1時間近くと著しい。逆に国民全体の身のまわりの用事の時間増加と同様に、身だしなみの時間だけは30年間で8分の増加である。身だしなみの時間は休日の平均時間においても増減幅は同じであるが、睡眠時間はさらに差がつき、1時間28分の減少である。また、食事時間は2000年までの20年間は増減がほとんどなかったが、平日の2010年時は16分の減少、休日で25分の減少になっている。通勤時間、勤務時間は一旦上昇したものの、2010年時ではバブル景気前の1980年の数値に戻ったといえる。通勤時間に関してはバブル景気の頃は職と住が離れる傾向にあったが、再び接近してきているといえる。しかし、勤務時間に関しては先のNHK放送文化研究所の調査によると、2010年時から再び増加傾向にあり、とりわけ、40・50代の男性有職者の増加が著しい。40代で2015年時は9時間22分、50代で9時間4分になっているので、1990年時の勤務時間に近い状態になったといえる。いずれにしても、ビジネスマンの必需時間は仕事等の多忙から睡眠時間は減少し

表3-4　30年の推移で見る「ビジネスマンの生活時間」調査

平日の平均時間

	2010年	2000年	1990年	1980年
睡眠時間	6時間02分	6時間08分	6時間26分	7時間01分
食事時間	1時間09分	1時間25分	1時間22分	1時間24分
身だしなみの時間	21分	26分	14分	13分
通勤時間（往復）	1時間24分	2時間03分	1時間56分	1時間43分
勤務時間	8時間39分	9時間30分	9時間13分	8時間36分

休日の平均時間

	2010年	2000年	1990年	1980年
睡眠時間	7時間08分	7時間57分	8時間13分	8時間36分
食事時間	1時間22分	1時間47分	1時間44分	1時間40分
身だしなみの時間	19分	24分	11分	11分

出所：シティズンホールディングス株式会社『ビジネスマンの生活時間』https://www.citizen.co.jp/research/time/20101201/01.html（2019年1月10日アクセス）

たが、身だしなみの時間は増加したことに変化はない。

3　必需時間の増減が商品や広告コンセプトに与える影響

　上述のごとく、時間の概念とはすべての人々に平等であり、1日単位を例にとれば、24時間という有限のものである。だからこそ、広告主にとって時間は経営資源となり、消費者にとっては消費資源となる。したがって、時間の概念は立場にかかわらず資源という共通要素を見出し、共感性を得る可能性がある。1日の時間の概念を3分類（必需時間・拘束時間・自由時間）し、24時間の時間配分を考察すると、必需時間＞拘束時間＞自由時間の順となる。1日の占有率が最多の必需時間は2015年時の平日で10時間12分となっており、1990年代後半の10時間9分からほぼ横ばいといえる。また、平日の拘束時間は2015年時は8時間30分となっており、1990年代後半の8時間58分からは下がりはしたが、2000年は8時間39分であるため、15年間では必需時間と同様に横ばいといえる。自由時間においても2000年は4時間38分であったのが、2015年は4時間42分となり15年間では大差がない [13]。前項において睡眠時間は40・50代で30分前後減少し、ビジネスマンにおいては1時間近く減少したのが明らかになったが、必需時間全体を時系列で分析すると変化が少ない。したがって、3分類した時間の範疇においてそれぞれの時間配分が変化していることになる。たとえば、必需時間でいえば1990年代後半から睡眠時間が減少すれば、身のまわりの用事が増えたり食事の時間や療養・静養の時間に影響を及ぼすことになる。

　このような時間の概念の変化が商品や、その購入を促し説得を試みる広告コンセプトにどのような影響を及ぼすのであろうか。睡眠時間に焦点をあてて考えてみると、1日24時間のうち最も時間量が多いのが必需時間であり、その中で大半の6時間から8時間を占めるのが睡眠時間である。睡眠は生活維持のためには必須であり、疲れや心身を癒し仕事等への活力

を蘇生するのに最重要な時間帯であることに疑いの余地はない。マーケティング戦略や広告戦略においても、時間量という観点からは最大の市場である。

　一人あたりの平均の睡眠時間の量は、NHK放送文化研究所の調査にもあるように1995年から減少傾向にある。土・日曜日も同様な傾向が見られるし、ビジネスマンの睡眠時間の減少はさらに大きいことがシティズンホールディングス株式会社の調査で明白になっている。現在では、3分類された各時間枠の中で変化が見られるが、今後はインターネットに触れる時間の増加等から自由時間が拡大したり、仕事量が増えることから拘束時間が拡大して、睡眠時間はさらに減少する可能性もある。また、他方では企業や社会状況においての対人とのコミュニケーション等からストレスが増え、睡眠時間についてのさまざまな消費者の潜在的ニーズが考えられる。すなわち、減少する傾向にありながらも、限られた睡眠時間の中で可能な限り「安眠したい」「快眠したい」「癒されたい」という消費者ニーズが明確になる可能性がある。企業側の観点では「安眠」「快眠」「癒し」等の消費者ニーズを満たす商品を企画し、広告主はこれらをコンセプトとした広告・プロモーションを実践すべきである。

　睡眠時間が減少していく状況下で、消費者の潜在的ニーズを満たす商品として好例なのが「安眠まくら」である。1996年4月にテレビの早朝番組で「快眠のためのまくら選択術」というテーマで東京新宿の小田急百貨店（ハルク）の「安眠まくら」が紹介された。これは首の頸椎の高さが個人によって異なることに着目して、個々人に適した高さの枕を選べるようにして脊椎等への圧迫を少なくすることで安眠ができるとする商品である。そして、当該百貨店において「枕工房」と名づけられた売り場にはベッドが設置され、売り場のコンサルタントが顧客の頸椎の高さを計ってアドバイスをする。顧客は各個人の頸椎の高さに合い、なおかつ好みの硬さを選ぶことができるとされる。価格は1996年当時、4500円から8000円くら

いと普通の枕よりも高額であるが大変好評であり、日曜日は売り場の通路に長い列ができたといわれている [14]。

テレビでの PR 効果もあるが、「安眠」「快眠」に対するニーズが高いことも大きな要因である。1996 年に放送されたこの早朝番組は丁度 NHK 放送文化研究所の調査にあるように、1995 年から減少傾向の始まった年度とも相関する。また、ビジネスマンにとって必須である平日の睡眠時間は1990 年代から 2000 年代の方が、2000 年から 2010 年よりも著しく減少している。したがって、枕という商品は過去からの必需品であるが、1990 年後半から減少している国民の睡眠時間が「安眠」「快眠」をコンセプトとした商品が消費者ニーズを満たす新市場になったといえる。

近年では、百貨店に限らず総合専門小売業や雑貨専門店にも枕だけでなく、寝具全般（枕、ベッド、マットレス、敷布団、掛布団等）の特設売り場が設置されている。小売業の種類によっては「スリープ・コンシェルジュ」と名づけて消費者の要望を聞きながら「快眠」に関するアドバイスをする職種もある。また、各寝具メーカー側はスポーツ選手を広告塔に起用し、快適な睡眠を得るための目的や、寝具の選び方の重要性を訴え競争優位性を確保する努力を続けている。快適な寝心地を得ることは当然、消費者が求める「癒し」のニーズにも到達することはいうまでもない。これらの競争も 1990 年代以前には見られなかったことである。したがって、人々が多忙になり、減少していく睡眠時間の中では、広告主や消費者の立場にかかわらず、「安眠」「快眠」「癒し」が共感性を呼ぶことになる。

一方、必需時間の中で時間量が減少した睡眠とは対照的に、身のまわりの用事の時間は増加した。時間量が増加すると商品や広告コンセプトにどのような影響があるのであろうか。表 3-2 にあるように、1995 年から 20年間で国民全体の平均睡眠時間は平日で 12 分減少している。これに対して表 3-3 が示すように身のまわりの用事の時間量は平日で 9 分増加している。上述したように、生活の根幹をなす必需時間は、時系列で調査しても

大きく変化させようもなく、ほぼ横ばいである。したがって、国民の各時間枠の平均時間においては、必需時間の中で睡眠時間が減少した分、身のまわりの用事の時間量が増加したといっても過言ではない。

　身のまわりの用事における具体的な行為は、入浴、洗顔、歯磨き、トイレ、整髪、化粧等が考えられるが、これらの行為は化粧を例とするように性別や世代の差で時間量の差が大きい。しかも、ポーラ文化研究所の調査にあるように、化粧に費やす時間は、女性であっても世代によってかなりの差があることがわかっている。そのため、性別や世代、あるいは職業によって時間量に影響が少ないと想定される入浴、洗顔、歯磨き等の行為に用いられる商品に焦点をあてて考察してみたいと思う。すなわち、老若男女問わずなされる行為の中に共通の潜在的ニーズのヒントがあると思われる。

　時間量が増えたということは、「時間を短縮して効率的に用事を済ませる」というニーズではなく、むしろ過去よりも「じっくり時間をかけて生活の質を向上させたい」というニーズに傾倒するはずである。それを裏づけるものとして、株式会社プラネットが行った「シャンプー・リンスに関する意識調査」がある。誰しもがシャンプーは行うが、洗髪の頻度は四季を通じて最も多いのが「毎日（1日1回）」で、いずれの季節でも60％となっている。特に夏の季節は、「毎日（1日1回）」が71.3％、「1日2回以上」という人も5.1％と最も高値である。性別年代別に見ると、男女ともに60代以上では「毎日（1日1回）」が低くなる傾向がある。一方で、年代とともに、「1日おき」「週に2〜3回」「週に1回」が上昇する。女性の70代以上では、「週に2〜3回」が最も高く、41.2％である。男性の70代以上では、「週1回」も15.0％である。加齢とともに、代謝や活動性が下がり、洗髪がおっくうになる人も多いと考えられる。一方で、男性の20代では「1日2回以上」が12.9％と1割を超えている。すべての性別年代別の中で最も高く、20代女性の7.3％に比べても高い結果である 15)。

　また、シャンプーを購入する際に、求める機能や効能は何かの調査では、

1位「仕上がり感 (サラサラ、しっとり等)」50.3%、2位「汚れの落ちやすさ」33.7%、3位「泡立ち」26.0%という順である。しかし、男女別に見ると、全体で1位の「仕上がり感」では女性の数値が70.0%と高く、「指どおりのよさ」「ダメージヘアへの効果」でも女性の数値が男性を大きく上回っている。一方、男性の数値が女性を大きく上回っていたのが「フケ・カユミを防ぐ」である。男女別で見ると、「フケ・カユミを防ぐ」は女性では9位だが、男性では3位である。また「育毛・養毛」も、女性では10位内に入っていないが、男性では8位になっている。つまり、女性が重視しているのは「仕上がり感」「ダメージヘアへの効果」等、毛髪のケアや仕上がり具合であり、男性は頭皮のケアや薄毛対策への効果を期待しているといえる[16]。これらの調査結果から、仮に消費者が洗髪に対して、効率性や時間短縮を念頭に置くならば、毛髪の仕上がり具合や頭皮のケアを第一義に置くのではなく、「すすぎやすさ」や「フケ・カユミを防ぐ」、あるいは素早い「汚れのおちやすさ」といった効果が男女別世代別にかかわらず期待されるはずである。しかし、身のまわりの用事の時間量は増加傾向にあるため、1日の洗髪時間において、じっくり時間をかけて個々の目的を達成したいというのがシャンプーに対する消費者ニーズと考えられる。したがって、髪に対するニーズは数多く存在するはずであり、その上位を占めるのが仕上がり感やダメージヘアへの効果ということになる。元来、シャンプーはコモディティ商品であるため、「髪の汚れをおとす」といった基本商品コンセプトは維持しながらもそれぞれの消費者に合ったベネフィット・セグメンテーションが行われているのが現状である[17]。

　たとえば、同一世帯において世帯人員数と同数のシャンプーが常置されている家庭が増えている。それを裏づける調査結果も出ている。シャンプー・リンスの銘柄について、家族間で同じものを使っているか、それとも別のものを使っているかを調査したところ、「家族みな同じものを使っている」が38.5%、「家族それぞれが別のものを使っている」が僅差の

37.4％で並ぶ結果になっている [18]。かつては、どこの家庭でもシャンプー・リンスは浴室に 1 種類で家族で同じものを使うのが一般的であった。しかし、今は個々の家庭構成員が独自のベネフィットに適合した商品を使っている事例が珍しくない。

　身のまわりの用事に用いられる商品の多くはシャンプーに限らずコモディティ商品である。歯磨き粉、石鹸、ボディソープ、洗剤等がそれにあたる。身のまわりの用事に費やす時間量が少ない時代は、コモディティ商品は消費者にとって、なければ困るが、あったからといって特別な意味を持つものではなく、必要なときに必要な量だけ手に入ればよいものにすぎなかった。しかし、現代では、第 2 章第 3 節-3 での考察のように、コモディティ商品は、ベネフィットがセグメンテーションされている状況下にある。そのためコモディティ商品はカテゴリーの中で競争が激しくなったのと同様に、消費者側の身のまわりの用事に対する考え方が変わり、じっくりと時間をかけて生活の質を向上させようとするさまざまなニーズが出現してきたといえる。

　したがって、上述の考察のように、必需時間の中で睡眠時間が減少すると、少なくなった時間量の中でも生活を維持するために、可能な限り「安眠したい」「快眠したい」「癒されたい」等のニーズが出現し、新市場が登場することになる。一方、必需時間の中で身のまわりの用事に費やす国民の平均時間量は増加した。そのことにより、それぞれのコモディティ商品の基本商品コンセプトは維持しながらも、消費者個別に適合したベネフィットを探り出し提供する必要がある。すなわち、時間をかけて生活の質を向上させるためには人それぞれのニーズがあるのでベネフィット・セグメンテーションこそが共感性を得るための鍵となる。

注

1）佐々木宏（1999）『ニュースな広告』同文舘出版、pp.14-16 参照。

2）Beast の動きに関しては、Ad Arch 株式会社（2017 年 7 月 7 日）『効果的な動画広告のセオリー』Blog を参考にした。https://www.adarch.co.jp/2017/07/07/3b_admovie/（2018 年 12 月 20 日アクセス）

3）Howard Schults and Dori Jones Yang（1997）*"Pour your heart into it"* 小幡照雄・大川修二訳（2001）『スターバックス成功物語』日経 BP 社、p.424 参照。

4）伊吹卓（1997）『事典　おもしろカラー・マーケティング』中央経済社、p.48 参照。

5）販売色のコンセプトは、同前掲書を参考にした。

6）田内幸一（1991）『市場創造のマーケティング』三嶺書房、pp.30-32 参照。

7）国民生活時間の行動分類を 1 日の生活時間に当てはめる考え方は、高谷和夫（1996）『時間マーケティング』産能大学出版部 pp.32-33 を参考にした。

8）厚生労働省（2018 年 9 月）『平成 29 年　国民健康・栄養調査の概要』p.25 参照 https://www.mhlw.go.jp/content/10904750/000351576.pdf（2018 年 12 月 20 日アクセス）

9）NHK 放送文化研究所（2016 年 5 月）『2015 年国民生活時間調査報告書』pp.21-22 参照 https://www.nhk.or.jp/bunken/research/yoron/pdf/20160217_1.pdf（2018 年 12 月 1 日アクセス）

10）同前掲書、pp.23-24 参照

11）ポーラ文化研究所（2009 年 8 月）『化粧と生活の調査レポート』参照 https://www.po-holdings.co.jp/csr/culture/bunken/report/topics_003.Html（2018 年 12 月 10 日アクセス）

12）ポーラ文化研究所（2017 年 11 月）『女性の化粧行動・意識に関する実態調査 2017 年』pp.4-5 参照 https://www.po-holdings.co.jp/csr/culture/bunken/report/pdf/20171120make2017.pdf（2018 年 12 月 10 日アクセス）

13）NHK 放送文化研究所、前掲書、pp.24-26 参照。

14）高谷、前掲書、pp.39-41 参照。

15）株式会社プラネット（2017 年 9 月）『シャンプー・リンスに関する意識調査』p.1 参照 https://www.planet-van.co.jp/pdf/fromplanet/fromplanet_72.pdf（2019 年 1 月 10 日アクセス）

16）同前掲書、p.3 参照。

17）コモディティ商品、およびベネフィット・セグメンテーションの詳細は、第 2 章第 3 節 1〜3 を参照されたい。

18）株式会社プラネット、同前掲書、p.2 参照。

第4章

広告コンセプトとタイム・マーケット

第1節　タイム・マーケットの現状

　前章では、広告主と消費者を結ぶ共感性を、広告の「3B の法則」、色彩マーケティング、ポストモダン・マーケティング、時間の概念の4つに分けて検討してきた。「3B の法則」と「色彩マーケティング」は、広告に対する立場に関係なく、人々の経験的法則によるものである。また、「ポストモダン・マーケティング」は広い視点で消費者を生活者としてとらえる概念である。一方、「時間の概念」は万人に対して有限であり平等であると認識されている概念である。限られた時間の中で、企業や広告主はさまざまなマーケティング戦略を立案し、消費者は自身のニーズが効率良く満たされるように消費者行動を行う。すなわち、広告主にとって時間は経営資源となり、消費者にとっては消費資源となる。したがって、時間の概念は立場にかかわらず資源という共通要素を見出すことができるため、より企業と消費者間で共感性を得る可能性がある。

　前章ではとりわけ、時間の概念において必需時間の増減に着目した。時間に関する先行研究としては、限りある時間を市場として成立させるために、「いかに余剰時間を作り出すか」、そして「いかにその余剰時間を消費させるか」の2つのコンセプトが基本となり、これを分化し進展させ「タイム・マーケット」として整理されている。その具体例をいくつかあげると、「時間を縮める」「時間を創る」「時間を広げる」等がある。産業革命

から現在に至るまでの技術の革新は、時間の節約という大きな効用を人々にもたらしている。時間とビジネスを考える始点は「時間を縮める」ことである。また、時間は有限であり保存ができないため、人々が可処分時間を作り出すためには現在自分の行っている作業をヒトかモノに代行させることにより「時間を創る」ことになる。さらに各小売業等は営業時間等、従来の時間の枠を拡大したり、ネット販売の機会を設け「時間を広げる」ことにより商取引の可能性を増やしている状況である[1]。この既存研究であるタイム・マーケット概念を以下の通り、7つに分けて説明し、下記の表 4-1 にまとめる。なお、次節では新たなタイム・マーケットの可能性を考察する。

① **時間を縮める**　　産業革命から現在に至るまでの技術革新は、時間の節約という大きな効用を市場にもたらした。時間とビジネスを考える始点は時間を短縮することであり、「時短」という概念が継続的に存在する。過去は製品・サービスの技術的な問題であったが、近年では当該商品を導入することで、勤務時間や家事等が時短され自由時間の拡大を謳うコンセプトも多く見受けられる。

② **時間を創る**　　時間は有限であり保存が効かない。可処分時間を作り出すためには現在自分の行っている作業をヒトからモノに代行させる必要がある。クリーニング店や託児所はその原点であり、消費者生活の効率性を実現した社会装置として機能し発展している。また、インターネットやテレビ通販でのショッピングは在宅しながら商品を選択・購入できるため、購買行動の時間を他の時間に転換することが可能である。

③ **時間を重複させる**　　単一目的だけで時間をすごすのではなく、同時進行で物事を行えば効率的である。複合商業施設に家族で出向く際は、父親と子供は映画を楽しみ、母親は買い物をして日常品を揃えることができる。子供たちにとっては退屈な買い物時間が楽しい休日になる。しかしながら、電車内での携帯電話・スマート・フォンの着信や通話、ヘッドフォ

84

表 4-1　時間のコンセプトとビジネス例

時間の コンセプト	時間ビジネス事例	
時間を縮める	・インターネット ・飛行機 ・新幹線 ・高速道路 ・宅配便 ・最新型パソコン機器	・時短ナビ ・無洗米 ・携帯電話、スマートフォン ・デジタルカメラ ・デジタル家電 ・動画倍速アプリ
時間を創る	・インターネットショッピング ・カタログ通販、テレビショッピング ・e-介護 ・コインランドリー、クリーニング ・ケータリング、デリバリー	・託児所、ベビーシッター ・外食、中食 ・インスタント、レトルト、冷凍食品 ・コンビニエンスストア ・一体型洗濯乾燥機
時間を重複させる	・アウトレットモール ・複合商業施設 ・ハードディスクビデオ ・BS デジタルテレビ ・在宅医療サービス ・電子書籍	・情報家電 ・e-ラーニング ・インターネットショッピング ・通信教育、サテライト授業 ・インターネットバンキング ・E メール
時間をズラす	・倉庫、ストックルーム ・予約録画 ・レンタルビデオ、レンタル DVD ・コンビニエンスストアでの商品受取り ・夜間授業、メディア授業	・Line 等の SNS ・インターネット ・留守番電話 ・二毛作ビジネス
時間を広げる	・コンビニエンスストア ・インターネットショッピング ・ネット・トレーディング ・24 時間営業各種店舗 ・早朝、深夜営業 ・ホテルのディユースサービス	・深夜スポーツジム ・インターネット銀行 ・深夜バス ・消音楽器 ・土日の医療、歯科サービス
時間を限定する	・期間限定商品 ・タイムサービス ・季節限定商品	・レンタル商品 ・時間別、季節別料金 ・タイムシェアリングシステム
時間を確定する	・ジャスト・イン・タイム ・時間指定宅配便 ・コンビニエンスストア ・軌道系交通機関（輸送）	・電報 ・ホームオートメーション ・デジタル家電 ・電波時計

出所：竹元雅彦（2002）『「時間」のマーケティング』中央経済社、p.81 の図表を加筆・修正して作成。

ンからの音漏れ、化粧等は、時間を重複させている例でもあるが、個人差はあれ社会的に迷惑行為となる。そのため、需要をあえて減退させるデ・マーケティングからの観点を企業側は検討し、これらへの対応をはかる必要がある。

　④　**時間をズラす**　　同時進行が物理的に不可能であるなら、時間をズラす必要がある。学校を中心とした教育機関の授業は日中行われるのが通常であるが、夜間授業等は有職者のために時間を日中から夜へズラして教育を提供してきた。さらに、ナイタースポーツはプロ野球だけにとどまらず、今では競馬、サッカー、テニスなど多くの分野に導入され、観戦したり実践する機会を設けている。

　⑤　**時間を広げる**　　社会状況や消費者行動の変化に伴い、コンビニエンスストアに代表される 24 時間営業の店やサービスは増加傾向にあった。営業時間の拡大により、さまざまな生活時間の変化に対応し、いつでも自由な時間に買い物ができ、利便性は高まった。元来、24 時間営業の業態はその時代背景や消費者ニーズから生まれたものである。しかし、近年は深夜時間帯の人手不足、従業員の健康等から 24 時間営業に対する見直しが迫られている。また、携帯電話やスマート・フォン等のコミュニケーション・ツールが今ほど市場に浸透していない時代は、24 時間営業のファミリー・レストランやファースト・フード等を若者が自由な時間に利用していた。しかし、近年は営業時間を縮小するファミリー・レストランが増えている。その一つの要因として、SNS の発達により、在宅しながら友人とコミュニケーションをとれるからである。もはや好きなときに特定の場所に友人同士が集結する必要性がなくなったのである。一方、スポーツジムやフィットネスクラブは 24 時間営業にシフトしつつある。これは人々の健康志向やダイエットブームにより利用者が増えたことと、消費者側の就業時間が多様化し、従来型の営業時間に通えない消費者に対応するためである。このように営業時間を拡大・縮小するには社会背景や消費者ニー

ズを時代に合わせて深く追求しなくてはならない。

⑥　**時間を限定する**　　旅行に関連するサービス業（ホテル、旅館、航空、鉄道等）は価格を均一化するのではなく、繁忙期、閑散期や時間によって価格に弾力性を持たせている。航空会社は利用客の少ない時期に全国一律の割引料金を適用している。また、ビジネスホテル等は深夜時間にチェック・インすると特別価格を適用して稼働率を高めている。これらは、イールド・マネジメントによる戦略の一環であるが、タイム・マーケットの観点では特定の時間や時期を限定していることになる。また、近年はさまざまな製品カテゴリーにおいて「限定商品」が市場に導入されている。その中でも、「期間限定」「季節限定」は時間を限定したビジネスで、一つの販売形態として確立しているカテゴリーもある。

⑦　**時間を確定する**　　元来、ジャスト・イン・タイム（JIT）は、「必要なものを、必要な量だけ、必要なときに」生産および供給するという思想であり、トヨタ生産方式の原点である。これにより在庫を圧縮し、短納期、多品種・少量生産やコストダウンを目指した。その後、この思想は流通業界にも広がりを見せた。たとえば、スーパーマーケットは生鮮食品の鮮度低下による無駄を削減しつつ、多様化する顧客ニーズに対応するためにこの方式を活用している。また、コンビニエンスストアは、限られた売り場面積の中で、無駄な在庫や品切れを管理し、顧客にとって利便性がある商品構成を実現している。また、宅配業者は顧客の都合の良い日・時間帯や場所で荷物を受け取ることを可能にしている。つまり、宅配荷物の届場所は自宅に限らず、コンビニエンスストアやロッカー等に指定すれば、顧客はいつでも受取りが可能である。また、近年はスマート・フォンに専用アプリをインストールすることで、スマート・フォンをリモコンとして家電を操作したり、運転状況やデータを管理・確認できるようになっている。つまり、外出しながら自宅の家電を操作し、帰宅時間に合わせて温度調節や炊飯器や入浴の準備等を設定することが可能である。これらの共通の要

素は「時間を確定する」ことにより、顧客の時間に適合させているといえる。

第2節　タイム・マーケットの新たな視点と広告コンセプト

　上述のごとく、多くの時間に関するコンセプトを有形・無形にかかわらず、商品に導入し、広告のコンセプトとして成立させて企業は消費者に訴求してきたのである。つまり、時間の概念においては商品を構成している要素とは分けて、1日24時間という限られた中において、消費者からいかに貴重で多くの時間を手に入れるかを戦略的にとらえた商品を提供してきた企業が成功を遂げてきた。これらのコンセプトをもとに商品企画やプロモーション企画が今後もなされていくのは間違いではない。しかしながら、今後は既存研究にさらに時間に関するコンセプトをつけ加える必要がある。

　その具体的なコンセプトとは、「時間を浪費する」「時間を戻す」「時間を拘束する」という考え方である。これらは、既存研究のコンセプトとは対照的な内容である。しかし、あえて待ち時間を作ることで「時間を浪費する」と、知覚品質が向上する商品も存在する。希少性があり手に入りにくい商品はその好例である。また、「時間を戻す」ことにより、ある商品をすでに経験しているターゲットには懐かしさや憧憬等を創造し、経験のない若年層には新鮮さを醸し出す商品もある。レトロ、ヴィンテージ商品はその典型である。さらに、予定は未定であるので、予定が決行されるまでの消費者の「時間を拘束する」という考え方もある。したがって、基本の時間コンセプトをさらに分化・進展させる必要があるが、既存のタイム・マーケットの考え方とは一線を画するものである。つまり、既存研究は時間に関する企業・消費者間の共感性を見出し、コンセプトに導入していたのに対し、新たな視点のそれは、時間の概念を活用したマーケティング戦略といえる。以下は、新たなタイム・マーケットの可能性を3つに分けて

考察する。

1　時間を浪費する

　各地域の商店街やショッピングモールに設置されているフードコート等では、特定の飲食店に順番待ちをする人々の行列ができているのを見かけることがある。飲食店等で行列ができ、待ち時間があるのは人気店のバロメーターである。仮に、ある人が初めて行く地域の飲食店の前を通り、当該店に行列ができていたら、誰しもがその店舗のメニューは美味しく人気があると思い、行列自体が広告の役割を果たしていることになる。

　一方では、人々が購買行動上の消費者として「無駄な時間をすごしている」「退屈な時間をすごしている」と思う代表的な時間の概念は「待ち時間」であるという観点もある。そのため、消費者のスマート・フォンの普及率上昇とともに、チェーン系列の飲食店、アミューズメントパークなどがさまざまな順番待ちアプリを開発し無料で提供している。これらのアプリは消費者側の待ち時間を有効活用するためであり、会員登録した後、店舗を選択し来店日時を指定して、登録したメールアドレスに予約完了の知らせとともに整理券が発行される。常に待ち時間がどれくらいかを消費者は把握できるようになり、待合スペース等で長い時間を待つというストレスが軽減できる。アプリを提供する企業側にとっても、消費者に会員登録をさせる際に、居住地、年齢、性別、家族形態などのデモグラフィックデータを収集できるため、今後の販促に活かせるという利点がある。

　この「待ち時間」の概念は、顧客の利益と犠牲を同時に考える「顧客価値の計算式」で検討することが可能である。この場での顧客価値とは、顧客がある商品に価値を自ら見出し、当該商品を購入したいと思い、購入を体験するときに得る「利益」と、同時に失う「犠牲」とのギャップである[2]。ギャップであるため、下の顧客価値の計算式に示すように、「顧客価値＝利益÷犠牲」の割算に当てはめることができる。

$$顧客価値 = \frac{利益（顧客が商品を購入して得るもの）}{犠牲（顧客が購入する際に失うもの）}$$

（理央周『課題解決につながる「実践マーケティング」入門』
日本実業出版社、2017 年、p.87 を参考に作成）

　仮にある商品が 100 の利益を提供できても、犠牲が 50 なら 2 の顧客価値ということになる。逆に 50 の利益であっても犠牲が 5 であるなら顧客価値は 10 となり、後者の方が 5 倍もあり、消費者の購入意欲も高くなると期待できる。具体的に、顧客が得る利益とは商品の品質や見た目、雰囲気の良さであり、犠牲とは予期せぬ出費、商品が提供されるまでの無駄な時間やストレスを指す。上述の待ち時間はまさに消費者にとって犠牲の典型的な例といえる。企業にとって重要なことは、顧客が得る利益の向上だけを考えるだけでなく、顧客が潜在的に感じる犠牲をいかに減少させるかが相対的な顧客価値の向上に繋がるという点である。なぜなら、チェーン系列の飲食店等は提供する食材やメニューは全国的に統一されていて、従業員のサービスもマニュアル化されていることがほとんどであり、差別性を出して利益のみを向上させるのは困難である。そのため、顧客の犠牲をいかに減らすかが顧客価値向上の鍵となる。したがって、顧客のストレスとなる待ち時間を軽減するためのアプリ導入に多くの企業が検討している状況にある。

　また、ランチタイムのオフィス街では時間的な制限があり、無駄な時間を少しでも省きたいというニーズがある。そのため、ファースト・フード店では「早い、安い、美味い」をコンセプトに集客をしている。これは、多忙なビジネスマンを対象に素早くメニューを提供できることを訴求している。顧客に伝える情報として待ち時間をとらえると、サービス業では待ち時間を顧客に実際よりも長めに伝えることがある。たとえば、病院で混んでいた場合、診察までどれくらいの待ち時間が必要かは患者なら大いに

気になるところである。看護師に待ち時間を尋ね、「1 時間くらいです」といわれ実際は 50 分程度の待ち時間で診察室に入れれば、患者は待たされたという感覚が軽減されるであろう。逆に、50 分程度といわれ 1 時間待ったのであれば、無駄で退屈な時間であった感覚が増大することになる。これは、顧客は利得増加より損失回避の影響を強く受けるため、サービス提供側は期待値を低めに設定して、顧客が損失感を持たないようにさせるプロスペクト理論によるものである。

　さらに、次々と新たなアトラクションが登場するテーマ・パークとして有名な USJ（ユニバーサルスタジオ・ジャパン）では、入場券であるスタジオパスの他に「エクスプレスパス」というチケットが販売されている。これは人気のアトラクションを体験するまでの時間を短縮できるチケットで、最大で 7 種類のアトラクションの待ち時間を短縮できる。通常、USJ に入場するにはスタジオパスが必要で、このチケットでパーク内のほぼすべてのアトラクションを体験できるが、アトラクションに行列ができればそれに並んで順番待ちをしなくてはならない。そのため、スタジオパスに追加して有料のエクスプレスパスを購入する人も数多い。追加の料金ではあるが、エクスプレスパスを購入すると人気のアトラクションであっても優先的にそれらを体験できるので、並ぶ時間を削減でき、余剰になった時間で多くのアトラクションやショッピング等を楽しむことができる。さまざまなサービスを提供する USJ にとっても、このシステムを導入することにより行列に並んでいる以外の購買行動を促すことが可能となる。つまり、行列を作っている人々の待ち時間は何も消費することがない。そのため、待ち時間から削減された時間を提供することで、レストランで食事をしたりお土産品を購入するなどの購買行動を起こして欲しいのである。

　これらの事例を考慮すると、飲食店等がアプリを導入することや、USJ がエクスプレスパスのシステムを作ることはともに「待ち時間」を削減して余剰時間を創造する既存研究である前節の「②時間を創る」という考え

方に通じるものである。また、ファースト・フード店等の多忙な人々に食を提供するシステムのコンセプトや、サービス産業がプロスペクト理論に基づく手法で期待値を低く設定することは、「①時間を縮める」という考え方に通じるものである。しかし、あえて企業側が待ち時間を作り出し、「時間を浪費する」という考え方で知覚品質を向上させる可能性がある。そこで、着目されるべきは「認知的不協和」の概念である。

　フェスティンガー（Festinger 1957）によれば、人は相互に関連のある事象を認知するとき、整合性がないと心理的な緊張を高めるという。このような事態を通常、「認知的不協和」[3]と呼ぶ。この概念を購買行動に合わせると理解しやすい。たとえば、ある商品を購入した人が、とても素晴らしいと思って買った後で、もっと素晴らしい商品を見つけたら、心理的な緊張が高まることになる。特定の商品カテゴリーにおいて、自分にとって最も適した素晴らしい商品を購入したい人にとって、「最も素晴らしい商品を買った」という行為と、「もっと素晴らしい商品が他にもあった」という認知の間には整合性がない。この状態が認知的不協和である。認知的不協和が生じると、行動を変えるか認知を変えるかによって、不協和を人は低減させようとする。この例でいえば、購入した商品を返品した上で後から見つけた商品を購入するか、あるいは、購入した商品の魅力的な側面を新たに見出し、後から見つけた商品の欠点を見出すことによって、購入した商品の方が良いのだと自分自身を納得させるのである。すなわち、不協和を低減するためには2つの策がある。一つは自身の行動を変えることであり、もう一つは自分の認知を変更することである。過去の認知的不協和に関するいくつかの研究によると、複数の商品に対する評価の差は、その中からどれか一つを選ぶ前より、選んだ後の方が高くなることが明らかにされている。つまり、ひとたびある商品を購入すると、購入した当該商品を高く評価し、購入しなかった商品をより低く人は評価しようとするのである。われわれも日々の購買行動を振り返ると、しばしば認知的不協和

を低減するような行動をとっていることに気づくであろう⁴⁾。

　ここで、上述の消費者が、行列に並んで、特定の商品が提供されるのを待ったという購買行動を認知的不協和の理論に当てはめてみたいと思う。たとえば、ある人が特定の店舗で商品を得るために長時間並び、それが自分の許容する時間よりも長く、しかも目的とした商品が期待していたものでなかったと仮定する。すると、行動と認知の間で不協和が生じるが、人が行列を形成したことにおいて認知的不協和を低減するための一つ目の策である行動を変えることは不可能である。なぜなら、行列に並んで長時間を費やしたという行動は慣習的な行動でなく一過性であり、その行動をしたことによって不協和が生じたわけであるから過去の行動でもある。したがって、行列に並んだ行動および時間を改善したりもとに戻すことはできないので、自分の認知を変えることでしか不協和の低減を試みることはできないのである。先の飲食店の例でいえば、行列ができるほど美味しいと評判の店舗なので自身も長時間並び、やっとの思いで食することができたが、期待したほど美味しくなかったと仮定する。「行列に並んだ」ことと「美味しくなかった」ことは対立し整合性がない。しかし、行列に並んだという行動は変えられない。そのため、提供されたメニューへの評価を「自分の期待とは異なったが、多くの人がいうように美味しかった」等に解釈を変更して、対立を解消しようとする。その結果、商品への評価が否定的なものから肯定的なものに変更される可能性がある。したがって、行列体験からの口コミがさらなる行列を創造する可能性があるし、行列体験をした人は常に認知的不協和を解消しているので、別の行列にも並ぶ可能性があるといっても過言ではない。

　確かに、チェーン系列の店舗であれば、どの地域、どの時間帯でも同一のメニュー、サービスなので、少しでも犠牲を軽減し顧客価値を向上させるための待ち時間短縮のアプリ導入が必要になる。しかし、その店でしか味わえないメニューや特定の店舗だけでしか得られない商品は行列に並ぶ

等の消費者にとって「時間を浪費する」ことで高評価になる可能性がある。サービス業だけでなく、有形財においても、特定の製品カテゴリーで限定色がタイミングを測って市場投入されるのはその典型であるといえる。限定色が投入されると、時期的な制限や数量の制限があるため、希少性があり誰しもが手に入れられるものではない。たとえ限定色以外の商品と同等の品質・価格であっても、欲する消費者は予約しても在庫数の関係から手に届くまで長期間を要する場合がある。このような状況下で消費者が当該商品を手に入れると、「長期間を要してやっとの思いで手に入れた」という意識が知覚品質を向上させる場合がある。したがって、企業にとっては自社商品の特質や販売する店舗コンセプトの種類によっては、「時間を浪費する」ことがマーケティング戦略の要素になることを考慮すべきである。

2　時間を戻す

　戦後の日本は、日本より発展している国々の経済状況、社会状況、およびライフスタイル等が憧れであった。とりわけ欧米の生活スタイルに対して顕著にそのことが表れていた。そのため、広告においても当該商品を欧米人の生活スタイルを参考に訴求すれば効果があったし、それらは日本市場以外で実践されていた現実の生活スタイルである。つまり、当時は欧米人のライフスタイルを模倣すれば、そのままマーケティング戦略となった。現に高度成長期になっても、日本車でありながら、フランスの石畳の街中を軽快に走る状況であったり、NY の街角のカフェでアメリカ人がコーヒーを飲みながら談笑している状況が広告の中に登場することが多かった。多くの日本人が欧米人の生活に憧れを抱き、彼らの社会生活を目標に追いつこうとしている状況下では、広告の中で欧米のライフスタイルや、それぞれの国で注目されている商品を模倣すれば購買意欲を喚起できたのである。

　しかし、日本経済がさらなる成長を遂げ、経済状況が欧米に追いつき、海外旅行が日常的になると欧米人のライフスタイルは憧れとならない。日

本経済が高度成長を遂げることにより、各家庭も次々と新商品を吸収することができるほど豊かになってきたのである。また、高度成長期の日本人には価値観における同質性が存在した。つまり、欧米に現実に存在するライフスタイルや商品で、売り手が憧れる様式や欲するものが、そのまま買い手の欲するものになったのである。だからこそ、広告も欧米スタイルを模倣することで成功していたのである。日本が欧米に対して、「追いつけ、追い越せ」を念頭に経済成長を実施し、それが現実となった今では欧米のライフスタイルが憧れとならないため、人々の購買意欲を喚起できない。そのため、未来の仮想現実（ヴァーチャル）を広告の中に表現しなくてはならなくなる（図 4-1 参照）。

　しかし、仮想現実の世界観は日本市場ではもちろん、日本以外での先進国においても現実の生活スタイルではないので、アニメや映画などの特撮の中での仮想のものを生活スタイルとして表現することになってしまう。仮想現実とは、本物の映像ではないけれど、まるで現実の世界のような映像を提示し、そこに自分がいるような感じを視聴者に与えるものである。確かに、ゲームやテーマ・パーク等のアトラクションであれば臨場感や刺

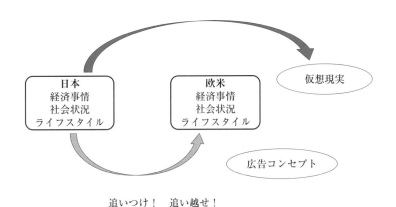

追いつけ！　追い越せ！

図 4-1　日本と欧米の広告内容

激が人々の心を惹きつけるが、広告の中での仮想現実は非常に危険である。なぜなら、広告される商品は、有形であれ無形であれすべて人が介するという現実がある。つまり、人が使用したり体験する商品であるからこそ、広告によって当該商品の魅力や便益性を訴えて、視聴者の購買意欲を喚起しようと試みるのである。広告の中にイメージ・キャラクターといわれる広告塔が登場するのはそのためである。広告主は、自社商品のイメージに適合するタレント等をイメージ・キャラクターとして広告の中に登場させ、当該商品を使用している状況を魅力的に映し購買意欲を喚起するのである。したがって、広告主は広告塔であるイメージ・キャラクターを当該商品を使用する人々の代表として登場させ、視聴者は自身が商品を使用している場面を投影しているのである。このような状況下では、広告の中で訴求される事象は決して仮想現実であってはならず、現実の世界観でなくてはならない。近年では、動物やアニメ等に登場する架空の創造物を人間に見立てる擬人法と呼ばれる広告も存在する。しかし、それらは動物や架空の創造物をあたかも人間であるかのように表現して視聴者の共感や憧れを抱かせる技法であり、広告全体や世界観が仮想現実となるわけではない。仮に、商品が仮想現実の世界で使用される状況を広告の中で表現すれば、世論形成から多くの非難を浴びる可能性がある。仮想現実はあくまでもゲームやアトラクションの中でのことである。

　そのため、時間の概念において「時間を戻す」という考え方がある。図4-2を参照されたい。現在（am）から見て未来（will be）は、仮想現実になるので誰にも予測はできない。しかし、性別、年齢、住んでいる地域等にかかわらず、現在の位置にすべての人が存在しているとすると、過去から現在までの時間（have been）は誰しもが経験して来ている現実の時間である。若ければ過去からの時間が短く、高齢者であれば過去から現在までの時間が長いことになる。比較的高齢者の場合、遡った過去からある特定の時間（had been）までをとても懐かしく思う場合がある。たとえば、年号が令和

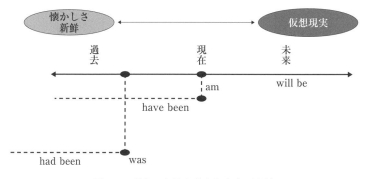

図4-2　現在から見た過去と未来の関係

になった現在では、昭和の時期に学生時代をすごした人はその期間を懐かしく思うであろうし、現実の世界として彼らが通り過ぎてきた時代である。しかし、平成生まれの比較的若い人々は昭和の時代を経験してきていない。したがって、現実の世界であったとしても昭和の時代のさまざまなヒット商品を知るには、文献・資料や写真等でしか術がないのである。

　そのため、近年では「レトロ」「ヴィンテージ」「ノスタルジー」をコンセプトにした商品が市場に数多く投入されている。飲食店では「昔ながらの醤油ラーメン」「昔ながらのナポリタン」等、いつの時代かは特定していないが、過去の名品を謳うメニューが数多い。また、ショッピング・センター等では、昭和時代の子供たちに受け入れられていた駄菓子屋が必ず1軒は見受けられ、親子でショッピングが楽しめる状況である。さらには、大正ロマンや昭和の時代をコンセプトにした居酒屋等も繁華街の駅を中心に多く存在している。一方、広告に目を移すと、現在の若年層の親の世代にヒットした歌がCMソングに起用されたり、昭和の時代に人気のあったアニメや特撮ヒーローが広告の中でイメージ・キャラクターに登用されることが多々ある。このような広告戦略は、広告主が世代を超えて同一の歌や特定のキャラクターを視聴者に提供することにより、親世代・子供世

代の両世代からの関心を得る可能性がある。親世代の人々は自身の学生時代に見聞きした歌やキャラクターがCM等で放送されているのに気づき、懐かしさを覚え注視するであろう。子供たちはなぜ親が興味を持って当該CMを見ているのか不思議に思い、同じようにそれに着目するであろう。しかし、親が若い頃にすごしてきた現実の世界でのヒットソングやキャラクターであったにしても、子供たちにとってはすごしたことのない時代のヒットソングなので、非常に新鮮に映る場合がある。

このように、ある人にとって過去の特定の時期から特定までの時期（had been）は、年齢や月日に関係なく、人々にノスタルジーを感じさせる。その期間をすごしていない若い人々は、現実の世界で起こってきたことであっても、経験のない世界観なので新鮮さを感じる。しかも、それは未来（will be）のことではないので世論形成から非難を浴びることもないのである。企業にとっては、過去の日本市場において確実に消費者や視聴者に受け入れられた歌やキャラクターなので安全性がある。同様に、広告の観点ではない上述のさまざまな商品も確実に市場に受け入れられた商品であるし、ヒットするかどうかわからない商品を新たに投入するよりも安全でコスト削減にも繋がるのである。そのため、企業にとって「時間を戻す」という考え方は商品の適性を考慮しながら戦略的に管理すべきである。問題は、「レトロ」「ヴィンテージ」「ノスタルジー」といったコンセプトに見合う商品の見極めである。なぜなら、商品の質にこれらのコンセプトが合わないと、単なる「時代錯誤」や「古臭さ」と消費者にとらえられてしまうからである。

3　時間を拘束する

消費者の「時間を拘束する」という考え方には2つの観点がある。それぞれを事例とともに述べる。一つ目は「早期購入割引（早割）」である。宿泊施設であるホテルや飛行機は機械設備など固定費を占める割合が高く、

変動費が少ないため、企業側がコストを抑える余地は限られている。そのため、利用者を可能な限り集めて、満室・満席に近い状態でサービスを提供した方が利益が大きくなる。正規料金やそれに近い料金を払う顧客向けに一定の部屋や座席を確保した上で、残りは需要を見極めながら料金を調整するのである。空き室・空席を抑えるために価格を多段階に分け、提供する数も増減させることになる。これは、同じ商品に異なる価格帯を設定し、企業の収益を最大化させる戦略で、イールド（yield）・マネジメントと呼ばれる。イールド自体は名詞で、産出、報酬、利回りなどの意味があるが、マーケティング上では一単位あたりの供給能力、たとえばホテルであれば一部屋が生み出す収益を指す。

　サービス企業は、常にサービス提供能力を最大限活用して収益（あるいは貢献利益）の最大化をはかろうとしている。サービス価値の創出では収益管理が重視され、サービス提供能力を有効に活用し、より高額で購入する顧客層のためにサービス提供能力を確保しようとする。また、制約条件を変えてサービス需給の適切なマネジメントにも努めている。特に航空会社やホテル、レンタカー会社では、時刻、曜日、季節ごとに各顧客層で変化する予算や需要に対応した多様な価格体系を導入している。

　イールド・マネジメントでは、さまざまな顧客層ごとの需要予測に合わせて価格を設定する。まず、まったく低価格志向ではなく高額の支払いをする顧客のためのサービス提供能力を確保し、その後、支払い額に応じてサービス提供能力を割り当てる。高額の支払いをする顧客ほどサービス消費の間近に予約する傾向があるので、単に先着順にサービスを提供するのでなく、これらの顧客用のサービス提供能力を確保しておくという巧みな対応が必要である。たとえば、出張の場合は直前に航空券、ホテルおよびレンタカーの予約をすることが多いが、レジャーの場合は数ヶ月前にプランを練り、大型イベントの場合は何年も前からホテルの会場を予約する場合もある [5]。

つまり、図4-3において説明すると、100室あるホテルの一部屋正規価格が5000円だったと仮定する。そして、一年を通した月平均は50室が利用されていたとしたら収益は5000円×50室となる。しかしながら、もう少し安い価格であれば宿泊しようと思う利用者もいるはずである。そのため、早期に予約した利用者に対して、早割価格として半額の2500円で提供する。また、突然の出張などで宿泊する必要性が出て、宿泊施設を選択する余地のない多忙なビジネスマンに対しては、直前価格として正規価格より高額な7500円で提供する。これら正規価格、早割価格、直前価格にて提供したにもかかわらず、当日に空き室が出た場合には終電を逃した利用者に対して深夜以降に安価な1800円で提供すれば、正規価格で提供する月平均の5000円×50室よりはるかに収益は高いことになる。

　このようにイールド・マネジメントとは、A.商品を在庫として繰り越すことができない、B.供給量が固定されている、C.変動費が少ない、D.需

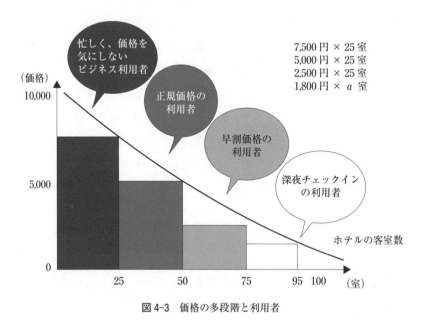

図4-3　価格の多段階と利用者

100

要に季節的・時間的な違いがある商品に適用した企業の利益最大化を目論む戦略といえる。そして、このイールド・マネジメントの中でも上述の「時間を拘束する」に適応する一つ目の考えが「早期購入割引（早割）」である。なぜなら、仮にある人が旅行にある時期から行きたいと思っても、仕事の都合や家庭事情でなかなか予定を立てられないでいたとする。行きたいと思って計画を立てたとしてもそれはあくまで未定の状態である。しかし、早い段階で旅行代理店等に申し込めば、通常より安い価格で購入できることを知れば旅行に行く意欲が増し、申し込む可能性が増大する。申し込めばその時点で未定が予定に変更されるのである。すなわち、申込日から旅行に出発する日、あるいは、旅行終了までを特定の旅行代理店に旅行という商品カテゴリーにおいて独占的に時間を拘束されたことになるのである。

「時間を拘束する」二つ目の観点は、ローンの概念を適用した「個別採算型の無料ビジネス」[6] である。例として、家や自家用車はかなり高額な商品であるため、とりわけ個別ローンが発達している。それは所得が比較的高い人々でも家や車はローンを利用する人が多いからである。そして、個別ローンの発達が、購入時に経済的に余裕がなくても、高額な商品を購入したい人や多くの数を購入したい人に対して、各企業が価格差別を駆使してできるだけ高価で売ることを可能にしてきた。とりわけ、携帯電話やスマート・フォンの普及率は高まり、今や日常必需品となっている。世代や職業を問わず、さまざまな人が購入するため、人によってはとても高額な商品となる。多くの人々が携帯電話からスマート・フォンに買い替えた昨今では、そのことが顕著である。以下、スマート・フォンを例として「個別採算型の無料ビジネス」を考えてみる。

携帯電話やスマート・フォンを新規であれ買い替えであれ、購入した人ならば目にしたことのある広告に「実質本体0円」というものがある。この仕組みを計算しやすいようにスマート・フォンの本体価格が7万2000円、分割払いのローン金利は0%、同様に頭金も0%と想定して考えてみたい

と思う。頭金を0円に設定して初期負担をなくし、スマート・フォン本体を2年間の24回払いで支払うべき残金は7万2000円になる。これを毎月均等で24回支払うと月々の支払いは3000円になる。一方で、毎月の利用者の支払いにはスマート・フォン本体のローンの他に基本料金や通話料、パケット（データ）の定額料金があるので、わかりやすいように合計で7000円の固定料金が毎月かかると想定する。本来なら、この7000円にスマート・フォン分割払い分の3000円が加えられ、毎月合計で1万円支払うことになる。しかし、次の段階で携帯電話の会社が通話・通信等の固定料金の中から3000円分を割引すると、毎月の利用者の負担額は7000円に下がることになる。したがって、最終的な利用者の毎月の支払金額はこの7000円になるので、「ローン期間の2年間当該スマート・フォンを使い続ければ実質の負担は0円」となり、先の「実質本体0円」という広告に偽りはないことになる。

　しかし、ローン期間中に日常的にスマート・フォンを使う利用者にとって、3000円という料金を何の名目で差し引いているかは、あまり意味のないことである。それならば、購入時点でスマート・フォンは無料にしておいて、毎月の支払額を7000円にして実質0円ではなく、「スマート・フォン無料」と広告を打った方がわかりやすく購買意欲も沸くように思える。携帯電話の会社にとっても本来7万2000円で販売するスマート・フォンを最初から無料で利用者に渡しても実質0円にしても、この部分では利益がマイナスになることに変わりはない。しかし、購入時点で本体価格を無料にすると、いつ解約するかは利用者の自由となる。つまり、ローンを利用者に組ませると、利用者はローンの期間中は当該携帯会社のスマート・フォンを使わなくてはならなくなるため、携帯会社は利用者がスマート・フォンを使用する2年間の時間を独占して拘束することができるのである。たとえ、スマート・フォン本体の料金が赤字になったとしても、2年間合計の通話・通信による固定料金を含めてトータルで考えれば、携帯会社は

表 4-2　新たな時間のコンセプトとビジネス例

時間の コンセプト	時間ビジネス事例	
時間を浪費する	・期間限定商品 　（タイムサービス、本日限定等） ・地域限定商品 　（産地特売、名産品等） ・対象者限定商品 　（女子会、学生割引等） ・売り手限定商品 　（限定色、オリジナルブランド等）	・数量限定商品 　（初回出荷限定、100 個限 　定等） ・流通限定商品 　（特定店舗のみ販売、生産 　財等） ・順番待ちの行列 ・アトラクション等の待ち 　時間
時間を戻す	・レトロ商品 ・ヴィンテージ商品 ・ノスタルジー商品 ・復刻版	・大正・昭和の雰囲気の飲 　食店 ・世代を超えた特撮、アニ 　メ等のキャラクター ・懐かしの CM ソング
時間を拘束する	・旅行パッケージ等の早割 ・事前予約商品 ・コンサート、映画等の前売券 ・ローンを利用して購入する商品	

十分に採算がとれるのである。携帯会社はさまざまなプロモーションやキャンペーンにより競合企業との顧客の奪い合いを強いられている状況にある。仮に、利用者が特定の携帯会社と契約しても、さらなる特典が競合企業に付与されていれば乗り換える可能性が十分にある。そのため、企業にとって消費者の当該サービスを利用する「時間を拘束する」という考え方はマーケティング戦略の大きな一翼を担うのである。

　なお、新たな時間のコンセプトである「時間を浪費する」「時間を戻す」「時間を拘束する」とのビジネスの関係性を表 4-2 に示す。

注

1 ）先行研究としての時間のコンセプトは、竹元（2002）pp.76-79 を参考

にした。

2）顧客価値の計算式については理央（2017）pp.86-87 参照。

3）認知的不協和を解消することに関する事例は、杉本編著（2007）pp.82-83 参照。

4）Festinger（1957）末永監訳（1983）pp.9-12 参照。

5）Lovelock and Wirtz（2007）白井監修・武田訳（2008）pp.152-154 参照。

6）「個別採算型の無料ビジネス」については、吉本（2011）pp.145-150 を参考にした。

参考文献

雨宮史卓（2019）「企業と消費者間の広告コンセプトに関する一考察」『研究紀要』（第 32 号）日本大学通信教育部研究所

杉本徹雄編著（2007）『消費者理解のための心理学』福村出版

高谷和夫（1996）『時間マーケティング』産能大学出版部

竹元雅彦（2002）『「時間」のマーケティング』中央経済社

吉本佳生（2011）『無料ビジネスの時代―消費不況に立ち向かう価格戦略―』ちくま新書

理央周（2017）『課題解決につながる「実践マーケティング」入門』日本実業出版社

Christopher Lovelock and Jochen Wirtz（2007）*Service Marketing 6th editon*"白井義男監修・武田玲子訳（2008）『サービス・マーケティング』ピアソン・エデュケーション

Leon Festinger（1957）*A Theory of Cognitive Dissonance*"末永俊郎監訳（1983）『認知的不協和の理論』誠信書房

第5章

消費者行動とサービスに対する
広告・プロモーション

第1節　消費者行動の基本と商品ベネフィット

1　消費行動と購買行動

　消費者行動は大別して消費行動と購買行動に分かれる。消費行動と購買
行動を総称して消費者行動とするのが一般的である[1]。前者の消費行動は、
購買前の所得の消費への配分に関する意思決定を含み、商品の購買計画、
購買、購買後の使用、保管、廃棄等の一連の過程を指す。これに対して後
者の購買行動は、消費者が自身のニーズを認識し、その目的を達成するた
めに情報を入手し、ブランド等を比較することによって、より良い製品や
サービスを入手する過程が主な分析の対象となる。

　消費行動と購買行動の主体は、同一でない場合もありうる。たとえば、
家族でパソコンを購入した場合、購買行動の主体は両親を中心とした大人
であるが、インターネットの端末として使用するのか、ゲームを楽しむた
めに使用するのかを決定するのは、子供の可能性もありうる。また、18
歳未満の子供を持つ家族が車を購入する場合、消費行動の主体は当然両親
であるが、どの車種を選択するのかといった購買行動においては広告やト
レンドに敏感な子供の意見に大きく左右されるケースもありうる。

　とりわけ、生産者や流通業者は、製品やサービスの売上に直接関わる購
買行動に関心が高い。そのため、主流をなす消費者行動モデルの研究は、

ブランド選択を消費者の問題解決あるいは意思決定過程としてとらえる見方が有力である。ブランド選択に関わる意思決定過程を、①問題認識、②情報探索、③代替案評価、④選択・購買、⑤購買後評価、といった5段階に区分し、それぞれの段階における情報処理の内容や理論の解明への取り組みがなされてきた[2]。すなわち、消費者はブランド選択を行い、ニーズが充足されるブランドを購入することによって、問題を解決すると考えられている。

　この5段階のプロセスは消費者が問題を認識することから始まる。問題認識とは消費者がそのとき感じる理想の状態と現実の状態が異なる場合に生じる意識のことである。毎日使用する歯磨き粉が切れたり、車の年式が古く調子が悪くなったりなどが例えられる。消費者は現在の状態から望ましい状態に移行するために、新たな製品やサービスを購入して少しでも望ましい状態に近づけようとする。当然、それぞれの消費者にとって、このギャップは異なる。新車が欲しいと思っても、修理に出して我慢しようと思えば現在の状態と理想の状態とのギャップは少ないと想定されるが、消費者が意識しないように努めても、広告を見ただけで当該車が購入したくなったり、友人の所有する車より自分の車の方がはるかに劣ると思える状況は、そのギャップが大きいといえる。したがって、現実の状態と理想の状態のギャップが消費者の中で許容範囲であると、次の段階へ進む可能性は低く、逆に許容範囲外であると購買意欲が高まり、次の段階へ進む可能性が大きい。そのため、プロモーションは、消費者の理想と現実のギャップを拡大させることが一つの役割といえる。たとえば、新車のテレビCMは「現在、貴方が所有している車より、このCMで映っている車の方が良いですよ」と訴求しているのと同じ意味になる（図5-1参照）。

　消費者は購買意欲が高まると情報探索を始める。自分の過去の購買経験を思い出したり、友人・知人の口コミを頼るのも情報探索活動の一つである。車のような高価格商品であれば、テレビCM、新聞、専門雑誌、イン

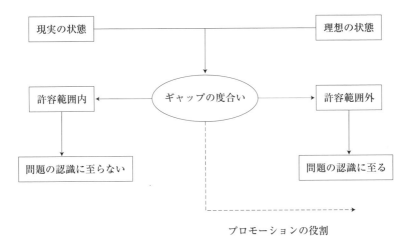

図5-1　問題認識の生起過程

出所：杉本徹雄編著（2007）『消費者理解のための心理学』福村出版、p.45 を参考
　　　に加筆・修正。

ターネット等で詳細な情報を集めるであろうし、販売店で試乗もするであ
ろう。また、嗜好性の高い商品であれば購入時期にかかわらず、継続的に
情報探索をしている消費者も多いため、いざ購入するときはこの時間が非
常に短くて済むことになる。

　情報探索が終わると、次に情報探索過程で得たいくつかの代替案を評価
することになる。代替案評価は個々の消費者ニーズに基づいて、各ブラン
ドの長所・短所を考慮し、どの選択が有利なのかを消費者なりに評価する。
製品ブランドの評価とともに店舗（ストア・ブランド）の評価も行われる。
ストアごとの価格の比較はもちろん、店員のサービス、ストアの雰囲気や
商品構成もストア・ブランド選択に大きく影響を与える。とりわけ、フー
ド・サービスにおいてはこのストア・ブランドの要素が消費者行動に大き
く影響する。ヨーロッパの高級ブランドに代表されるような製品の場合は、
どこの小売店で購入したかということよりも、メーカーがどのブランドか

ということが消費者心理の中にイメージとして定着する。したがって、自分の欲するブランドであったら、当該製品をどこの小売店で購入したかということは、ギフト以外では重要ではない。このことは近年、リサイクル・ショップの繁栄の一因でもある。しかし、フード・サービスの場合、食品メーカーや提供されるメニューの製造者は消費者心理には意識されず、「あの店のメニューは美味しかった」とか「サービスが上質であった」といったようにストアのブランド名だけが定着する。食品は製品と同様に有形ではあるが、売り物が規格化されておらず消費者の要求によってカスタマイズされた無形の活動であるととらえられるために、食品という製品を上質なサービスで包んで提供されたものに消費者は評価を下すのである。なお、有形・無形の検討は下記の第3項で詳しく行う。

　このように、消費者は代替案の評価に基づいて競合するブランド間で選択を行い、どこの店舗で購入するかというストア・ブランド選択を行う。さらに、車であれば当該車種のモデル選択も行われ、日常品であれば購入する数量や利用頻度の検討により選択がなされ、最終的な購買の意思決定に至る。

　消費プロセスの最後の段階が、購買後の商品評価である。具体的には、購入された商品がどのように使用され、消費者の生活の中でどのような意味を持っているのか、購入した商品に対して満足しているのか、不満足であるのかという購買後の評価を意味する。さらに、製品を保管したり、破棄したり、リサイクルに活用したりする選択行動も含む。ここで企業は消費者からの満足が得られなければ、リピーターを獲得するのが難しくなる。そのため、消費者と継続的な相互関係を結ぶ努力も企業は必要となる。消費者に満足を与えるとともに、消費者をリピーターとして維持していく努力も重要である。

　しかしながら、すべての購買行動が上述のプロセスをたどるわけではない。高額で購買リスクの高い商品であれば、情報探索や代替案評価に長期

間を要するであろうし、日常品であれば買い置きがなくなったことに気づいて買い物に行くため、情報探索もせいぜいチラシ等の広告を見て各店舗の価格を比較するぐらいであろう。さらに、買い慣れたブランドであるという理由だけで選択する消費者もいるであろうし、衝動買いの場合は5段階のプロセスをたどらずに購買が完了する。したがって、この5段階のプロセスは、あくまでも複雑な消費者行動をとらえるための手掛かりとして考えられている。

2　消費者行動における消費者シグナルと商品ベネフィット

　消費者に対して、商品の購入理由を聞くと、「品質が魅力的だった」「お気に入りのブランドである」「デザイン・スタイルが気に入った」「価格が手頃であった」「広告に惹かれた」「販売員に勧められた」「友人・知人の評判が良かった」「インターネットの口コミが多かった」等、さまざまな回答が返ってくると思われる。しかし、現在の市場では一つの商品カテゴリーに多くのメーカーが存在し、多くのブランドが創造され、当該ブランドごとにさまざまな広告戦略がなされている。

　したがって、消費者は商品の品質を比較検討して購入を決めるより、ブランドごとのさまざまな情報をもとに選択するケースが多い。たとえば、インターネットやカタログ販売などでは、製品そのものを見たり触れることなく広告や口コミなどの情報を比較し購入することになる。服飾商品等は、試着することなくカタログに掲載された写真の良し悪しを比較して、サイズだけを選択して購入する場合がある。また、小売店に足を運んだとしても、家電製品のように大きなものは一定期間、複数を家庭に持ち帰り、気に入った方を購入するという行為は物理的に不可能である。前もって認識していた広告や販売員からの情報によってブランド選択する状況がほとんどである。

　そのため、図5-2に示す通り、ある製品の市場においてメーカーが数社

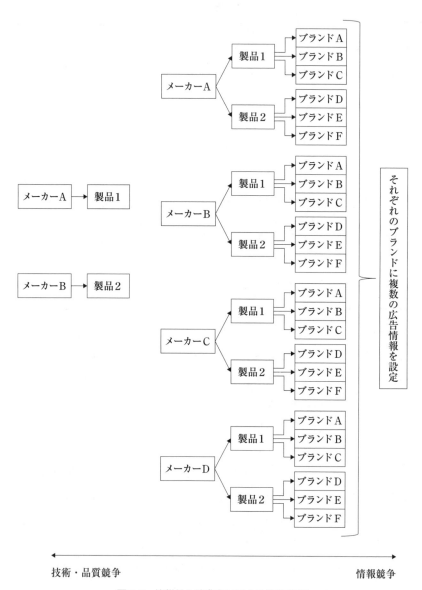

図 5-2　情報量と消費者に対する競争関係

しか存在せず、それぞれ一つの製品しか市場投下していないのであれば、消費者は自身に適正な製品を品質や価格によって選択することが可能である。企業は競合他社よりも、多くの消費者に選択されるように製品を改良するため技術および品質での競争が行われることになる。しかし、現代の市場においては多数のメーカーが存在し、多くの製品カテゴリーを所有し、さらに多くのブランドが当該企業の製品カテゴリーを守るために創造されている。しかも、ブランドごとに差別性を打ち出すための広告を中心とした情報が提供されている。このような状況下においては、消費者は製品の本質で選択するのは困難であり、いかなる情報が消費者にとって受け入れやすく理解しやすい情報なのかで選択することになる。したがって、企業は情報による競争を行っていることになる。

　ところで、消費者の商品の購入理由は上述のように、有形財・無形財にかかわらず数多くあるが、当該商品が消費者にとって「ベストの選択であったか」という問いに対しては、「わからない」「自分の知識の中では」などの回答が多くを占めるのが現状である。このことを考慮すると、多くの消費者は商品の本質である機能や品質を理解して購入しているのではなく、情報によって選択が左右されるため、「何となく良さそう」というイメージによって商品の購入を決定している状況が想定できる。すなわち、消費者にとって当該ブランドの情報が数多くなると、商品のベネフィットは「何となく良さそう」ということを念頭に置いていることになる。商品ベネフィットは通常、製品・サービスが消費者に提供している便益のことと理解される。消費者が当該商品に何を求めているかをとらえて商品ベネフィットを規定することは、マーケティング戦略の基本の一つであるのは周知の事実である。

　たとえば、第2章第3節-3にあるように歯磨き粉を例にとれば、美白効果、歯周病予防、虫歯予防など「歯の汚れを落とす」という基本製品コンセプトは維持されながらも、さまざまな便益の歯磨き粉が市場に投入さ

れている。そして、どの便益を重視するかは消費者によって異なるので、ターゲットの消費者をそれらの便益で細分化するベネフィット・セグメンテーションが行われている。歯磨き粉のようなコモディティ商品であれば、買い替え需要も多く個々の商品の価格帯も高くはないので、消費者は自分の便益に適合する商品を試用した上で、継続購入するブランドを選択することが可能である。しかし、インターネット上や通信販売、カタログ販売および、家電製品のように高額な商品は、その場で購入を決定しなくてはならず、また、継続購入が困難な商品が多い。したがって、何となく良さそうであるという商品から受けるイメージにより購入を決定することになる。

　近年では、さまざまな商品カテゴリーにおいて消費者が「何となく良さそう」というイメージを受けるために、消費者へのシグナルをいかに広告などのコンセプトに導入させるかの研究が盛んである。消費者へのシグナルには次の3種類がある。一つ目は「権威」である。権威は消費者に対して、安心や信頼性を提供するシグナルとされる。この権威の象徴となるのは、消費者にとって「著名・有名な人物」「憧れの人物」「専門家」があげられる[3]。

　具体例としては、テレビショッピングでは司会者に有名なタレントを起用し、紹介される商品の特徴を販売者から聞き出し、当該商品の良さを視聴者に訴えるケースがある。消費者あるいは視聴者はそのような広告・宣伝に遭遇すると、誰しもが知っている著名な人物が述べていることは信憑性があり安心であると思う効果がある。つまり、消費者がマスメディアを通じて、頻繁に接触している有名な人物が自ら顔を出して説得しているのだから、信用問題にも関わり推奨内容に嘘はないと思うのである。

　また、スポーツ用品の宣伝に著名なスポーツ選手を登場させ、当該商品を使用して体を鍛えることの重要性を訴求することも例としてあげることができる。とりわけ、スポーツシューズやスポーツウェア等では、才能あ

る憧れのスポーツ選手が推奨している商品を購入したくなる。消費者はマスメディアに登場する憧れの人物を、模倣の対象としてとらえる傾向があり、憧れの人に少しでも接近するために「同一化」したい心理が作用し、当該商品を選択する可能性があるのである。このことは後述される第9章第2節における総称ブランドと非常に関連性がある。さらに、消費者は一般の人より豊富な知識を持つ専門家、評論家、ジャーナリスト等の勧めに影響を受けやすい。特にその分野や特定の商品カテゴリーにおいて、知識や情報が乏しい場合や、身体の健康に関わる商品群、操作方法の難しい商品群にはそれが顕著である。用役性に関わる各種サービス業や、資産運用に関わる財テク・金融商品、化粧品、医薬品、サプリメントあるいは自家用車、パソコン等がそれにあたる。

　また、二つ目のシグナルは「希少性」である。この希少性は消費者に価値が高いことを訴える作用と知覚品質の向上を促すシグナルである。特定の商品をさまざまな形で限定することにより、商品の希少性は上がり、消費者自身も当該商品を購入することへの努力が必要となり、購入後の知覚品質も向上する可能性がある。限定の手法には、①期間限定（タイムサービス、本日限定等）、②地域限定（産地特売、名産品等）、③対象者限定（女子会、学生割引等）、④売り手限定（限定色、オリジナルブランド等）、⑤数量限定（初回出荷限定、100個限定等）、⑥流通限定（特定の店舗のみ購入可能、生産財等）があげられる。これらの限定の手法は、第4章第2節における「時間を浪費する」という考え方と同様である。なぜなら「長期間を要してやっとの思いで手に入れた」商品は、希少性のある商品の典型的な例となるからである。また、このような限定の手法はわずかなものしかない希少商品を得た満足度とは別に、その限定をした企業への印象やイメージも変わる場合がある。

　上述の限定手法における実例をいくつかあげてみる。たとえば、タイムサービス等は量販店やスーパーマーケットで見受けられ、特定の時間に割

引を受けるものである。また近年、レストラン等では女性客のみを対象として割引を実施したり、特別のメニューを提供する店舗も見受けられる。ヨーロッパの高級ブランド・バッグ等が期間限定や数量限定で販売されると、注文が殺到し入手が困難になる場合がある。また、スマート・フォン等は限定のカラーを作り出し販売することで、その色のスマート・フォンだけが入手困難になり整理券が配布されることもある。さらに、人気のテーマ・パークは入場者数が一定限度までで制限されるケースがある。

　これらは、商品の品質やサービスレベルを維持するために必要であるのと同時に、限定することで消費者の購入喚起力を強める効果がある。また、希少性が多くの消費者に注目され話題になり、企業のブランド力を高める効果もある。すなわち、簡単には当該商品を購入できない状況を作り希少価値を高めると、消費者側は手に入れるための努力が必要になる。この消

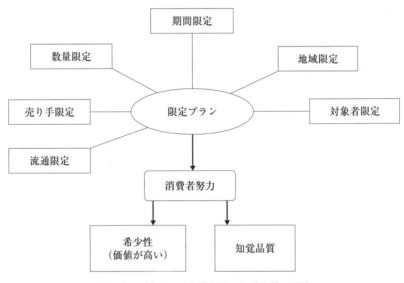

図 5-3　限定プランと希少性・知覚品質の関係

出所：匠英一（2005）『図解でわかる　心理マーケティング』日本能率協会マネジメントセンター、p.87 を参考に筆者が加筆・修正。

費者努力は、購入後の知覚品質を高める効果があるとされる。商品を得るための消費者努力が購入者を自己正当化させるため、商品価値を本来よりも高く評価する傾向にあり、満足度も上昇するのである。各種の限定と希少性・知覚品質の関係を図5-3に示す。

　三つ目のシグナルは「他人の行動」である。このシグナルは消費者に一定以上の価値が当該商品に備わっていることを訴求する。たとえば、近年はインターネットで商品購入を決定する機会も多い。その際、消費者は口コミの数がどれくらい投稿されているかも大きな決定要因となる場合がある。旅行を計画するときなどは、まだ訪問したことのない地域においては、どのような宿・ホテルを選択するべきか非常に気になる。そのため、すでに利用経験のある旅行者が推奨するホテル等を見比べて自身の予算に合わせて選択するケースがある。無形財の商品は多くの人々がすでに経験・体験した評判をもとに購入を決定する方が安心である。また、新規のレストランやラーメン店などで順番待ちの行列を見ると、当該の店舗は非常に人気があると知らない消費者は思い込むケースも他人の行動によるものである。

　消費者自身にとって、自分と同じような消費者行動をとる他人に影響を受けやすい。上述の旅行の例でいえば、同じ地域に興味を示し、許容範囲の予算ですでに当該観光地を訪問した経験者は、自分とはまったく異なる他人でなく、自分と類似した消費者行動を行った人物となる。つまり、予算も旅の目的もまったく自分と異なった消費者の体験等は参考にはならないのである。さらに、自分と同じ目的を持ち、同じ商品を求めている消費者が自分以外にも多ければ多いほど、体験・経験していなくても一定以上の価値があると認識する。他人の行動による作用が働き、自分自身が感じているのと同様に多くの人が当該の商品を求めていることで、選択する可能性は高まるのである。

　このように、消費者が商品の品質や機能で購入を決めづらい場合、「何

表5-1 消費者シグナルの種類

シグナル	意味	具体例
権威	安心　信頼	有名タレント ジャーナリスト 専門家　スポーツ選手
希少性	価値が高い 知覚品質向上	期間限定　地域限定 対象者限定　数量限定 売り手限定　流通限定
他人の行動	一定以上の価値	口コミ登録数 行列 体験談等

となく良さそうである」という商品ベネフィットでブランド選択されるケースがある。その商品ベネフィットを向上させるためには、上述の「権威」「希少性」「他人の行動」といった3つのシグナルを消費者に向けて発信することが一つの戦略となる。すなわち、広告・プロモーションというフィルターを通して消費者にこれら3つのシグナルを伝えるのである。消費者シグナルとその意味づけを表5-1にまとめる。

3　消費者行動における、商品と製品・サービスの違い

　現代では消費者の価値観が多様化しているのは周知の事実である。そして、個々の消費者にとって適正な価格の商品が必ずしも自分に相応しい商品とは限らないという認識も深まっている。そのため、自分が本当に求める製品やサービスを、自らの基準で選択して購入するという、選択的消費行動をとる人が多数となっている。たとえば、高級車でディスカウント・ストアへショッピングに出向く消費者も数多く存在する。また、自分たちが高く評価するサービスを購入するために製品への支出を倹約する傾向もある。さらに、サービスを売るために製品を無償で提供する企業も見受けられる。新規顧客を獲得するために携帯電話やスマート・フォンの本体を無償で提供するのは、その典型的な例である。したがって、この場では複

雑な消費者行動を理解するためにも、商品と製品あるいはサービスの違い
を明確にする必要がある。現に、本書においても商品という言い方をする
場合もあれば、製品という場合も多数ありうる。

　有形である製品が市場で飽和状態になり、品質面でもブランド間に差が
ない現代においては、サービスで差別化をはかり、他社より優位に立つこ
とが競争上では重要なポイントとなる。そのためには、いかに消費者のニー
ズに適合したものを商品として提供できるかにあるが、有形・無形にかか
わらず、時代背景や消費者ニーズによってこれらが変革していくのは、紛
れもない事実である。企業の技術力に差がない状況下では、上述のごとく
形ある部分で差をつけるのが困難なため、多種多様なサービスが出現する。
スポーツクラブや美容サロン、各種代行サービスなどは無形であるサービ
スそのものを商品として成立させ、消費者に提供している。問題なのは、
何が商品として成立するかという規定の整理である。

　商品と製品・サービスの違いを示す明確な定義は見当たらないが、一つ
の目安となるのがマーチャンダイジング（merchandising）の概念である。
製品は有形であるために、考察しやすいが、単に工場で生産されたものが
製品であり、店頭に並びパッキングされたものが商品と規定されるわけで
はない。一般的に「商品」といわれるものは、消費者に対してニーズがあ
り、商取引の対象となるものすべてを指す。たとえば、近年の女性の社会
進出が増加したことから家事代行サービスという業務が発展している。通
常、主婦の家事労働は取引がなされないので、商品にはなりえない。家庭
内で子供が家事を手伝い、お小遣いをもらったとしても、企業と消費者間
の商取引ではないので商品にはなりえない。しかし、家事代行に対して確
実に消費者側にニーズがあり、代行業者がサービスを提供して、取引が成
立すればそれは、「商品」である。また、ある人が飲食店でアルコール飲
料を飲んだ場合、帰宅の際に自分所有の車の運転を代行業者に依頼した場
合は、「商品」であるが、友人や家族が迎えに来た場合は、商品として成

立しないことになる。したがって、医療、教育、コンサルタント業務など
のサービスも無形ではあるが消費者のニーズを満たして取引が成立してい
るので商品である。

　マーチャンダイジングは端的には商品化という意味である。AMA
（American Marketing Association）の定義によれば、マーチャンダイジング
を「適正な商品を、適正な場所で、適正な時期に、適正な数量を、適正な
価格で、マーケティングすることに関する諸計画である」としている。つ
まり、企業が創造した製品・サービスを、独自の計画の下、①場所、②時
間、③数量、④価格、この4点を管理するのがマーチャンダイジングだと
いう考えである。

　例をあげれば、同じ食品であっても消費者の味覚の嗜好は地域によって
違うので、適正な場所や季節を考慮して調理しなくてはならない。また、
衣料ではターゲット別に売れ筋のサイズ、デザイン、カラーの製品を中心
に仕入れて、シーズンオフには各社ともセール期間を設けて割引販売され
ている。また、季節や場所に関係なく日ごとに売れ行きに違いが出てくる
製品もある。ビニール傘はその典型である。突然雨が降り出した日は、人
が集まる駅周辺等の売店で、多くのビニール傘を店頭に並べ、適正価格で
販売すれば多くの消費者にとって重宝である。しかし、天候の良い日ある
いは、天気予報が「午後からの降雨率が高い」と判断した日はいくら安価
な価格で提供しても誰もビニール傘に見向きもしないであろう。

　なお、サービスは無形であるため製品とは異なり、数えたり在庫するこ
とができない。したがって、③数量の部分においてサービスの場合は、当
該業務の遂行に要した時間人員数が価格算出の基本となり時間の効率性に
も繋がる。上述の家事代行や車の運転代行サービスでいえば、前者は、そ
の家の敷地の大きさによって、家事に費やされる時間は異なるであろうし、
雇う人員を増やせば、効率的に少ない時間で依頼された業務が達成できる
ことになる。後者は年末・年始等で酒席が多い時期に、地下鉄等の便があ

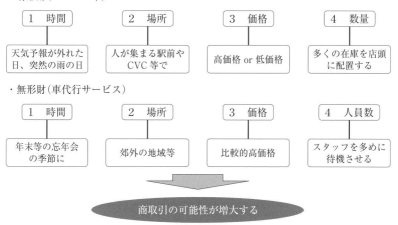

・有形財（ビニール傘）

1　時間	2　場所	3　価格	4　数量
天気予報が外れた日、突然の雨の日	人が集まる駅前やCVC等で	高価格 or 低価格	多くの在庫を店頭に配置する

・無形財（車代行サービス）

1　時間	2　場所	3　価格	4　人員数
年末等の忘年会の季節に	郊外の地域等	比較的高価格	スタッフを多めに待機させる

商取引の可能性が増大する

図5-4　マーチャンダイジングの視点から見た有形財と無形財の比較例

まり良くない郊外の地域に、多くのスタッフを待機させれば、スムーズに顧客からの予約を受けつけることができる。しかし、酒席会や会合が少ないと想定される2月・8月時期は顧客からの予約も少なくなるため、スタッフをシフト制にするなどの対策を練らないと収益性も悪くなる。製品（ビニール傘）とサービス（車の運転代行サービス）のマーチャンダイジング視点からの比較を図5-4に示す。

　このように企業が想定した消費者ターゲットの基準を見極め、①場所、②時間、③数量（サービスの場合は人員数）、④価格を管理したもの、つまりマーチャンダイジングが遂行された製品・サービスが消費者に受け入れられる商品として成立するのである。

第2節　サービスに対する広告・プロモーションの考え方

1　サービスの定義とその種類

　ところで、マーケティング・ミックス（product price place promotion）における製品（product）の要素はメーカーの発想で、サービス業ならば製品の代わりにサービス（service）になるのは当然のことである。メーカーの場合、製品という具体的に形あるものを消費者に提供している。しかし、サービス業の場合、製品（有形財）と異なり、無形であるがゆえに概念規定が難しい。また、サービスは表5-2に示す通り、機能においてさまざまな種類があり、サービスの種類によって、消費者に対する役割も異なる。たとえば、旅行に行ったり映画やスポーツ観戦を消費者が楽しむ行為は、その時間を消費し、精神的な楽しみや開放感をサービスが与えている。また、タクシーや電車に乗るということは、目的地に着くまでの移動するためのサービスを消費していることになり、利便性を消費者に与えている。レストランやバーに行って飲食する等の対人接客サービスにおいては、消費者は感情面の好ましさで自分に適切な店舗を選んでいる。さらに、美容室へ行って髪を切る場合は、直接財貨を生産する行為ではないが、その無

表5-2　機能面から見たサービスの種類

種　類	意　味	具　体　例
娯楽性	サービスが消費者に与えてくれる精神的楽しみ、開放感	旅行、映画、観劇、ゴルフ、テニス、スポーツ観戦等
利便性	サービスを消費する上で、実現される便利さ	飛行機、電車、タクシー、レンタルして使用する商品等
情緒性	サービスが消費者に与える感情面の好ましさ	レストラン、スナック、バー等
用役性	専門的で人間的な対応によって遂行されるサービス	医療、教育、美容、弁護士、会計士、税理士等

形の活動に対して対価を支払っていることになる。医療行為や教育などは専門的な知識や技術が必要であり、人間的な対応によって遂行されるサービスである。

　コトラー（P. Kotler）は、サービスを「サービスは、基本的に無形かつ所有の対象とならないものを提供する活動である。物理的な製品と結びつけて提供される場合もある」[4]と定義している。すなわち、サービスとは、サービスの提供者が利用者に対して提供できる満足や便宜を与える諸活動を意味していることになる。後半の物理的な製品と結びつけて提供されるものの典型的な例としては、車があげられる。車の販売店にしてみれば、製品自体はもとより、消費者の評価対象となるすべての要素を製品とともに提供している。販売員の製品知識や接客態度、アフターサービス等がそれにあたる。

　一方、ラブロック（C. Lovelock）は、サービスを「サービスとは、ある主体が別の主体に提供する経済活動である。通常、時間単位の行動であり、受け手自身あるいは受け手の所有物や財産に対して期待通りの結果をもたらすものである。顧客は、金銭、時間、活動の対価として物、労働力、専門技術、設備、ネットワーク、システムを利用し、価値を手に入れることを期待している。ただし、通常はサービス提供に関わる物の所有権を得ることはない」[5]としている。この定義からラブロックは、サービスを2つの主体による「経済活動」、すなわち市場での売り手と買い手の経済交換と主張している。また、サービスは通常「時間単位の行動」とし、消費者がサービスを購入する目的は「期待通りの結果」を求めているという点を重視している。さらに、顧客は「価値を手に入れることを期待して」「金銭、時間、活動の対価として」サービスを購入し、この価値は「所有権の移転ではなく多様な価値を生み出すものを利用する」ことから生まれるとしている。例外として、修理でとりつけられる商品、レストランの料理や飲み物などがあるが、これらの「物」の価値は「サービス」の価値に比べれば

わずかであるという点もつけ加えている。

　また、上述の「経済活動」「時間単位の行動」「物の所有権を得ることはない」の観点から、サービスとは「レンタル」の形式をとるとしている。すなわち、顧客は物の使用、労働力や知識の確保、施設やネットワーク利用の権利などをレンタルすることによってベネフィットを得ることになる。そして価値が生まれるのは、顧客が期待通りの経験や解決策を手に入れてベネフィットを得た時点である。ここでは、何かを購入せずに（通常一定期間）使用したり、利用するために金銭を支払うことを総称して「レンタル」という言葉を使っている。サービスをレンタルとしてとらえたときの種類を下記に示す[6]。

　A.「物のレンタル・サービス」

　このサービスを利用すれば、顧客が所有する意思のない物を一時的に独占して、使用できる。

　(例)：ボート、電動工具、農業用機器、結婚式やパーティ用衣装

　B.「スペースや場所のレンタル」

　顧客は建物や乗り物などの広いスペースの一定部分を使用できる。他の顧客と共同使用することになるため、プライバシーがどの程度確保されるかは状況しだいである。「シート」（「自分のスペース」）がレンタルの最小単位である。

　通常、利用スペースの場所は決まっているが、目的はビジネス利用や食事などさまざまである。つまり、場所のレンタルが目的そのものであったり、目的のための単なる手段であったりする。また、物理的には同じスペースでも、景色の良い部屋や劇場のステージに近い客席のように場所によって価値が変わることもある。

　(例)：ホテルの客室、航空機の座席、オフィス・ビルの部屋、レストラ

ンの席、倉庫のコンテナ

C.「労働力や専門知識のレンタル」

他人に業務を委託したり、専門知識や道具や技術が必要な業務のために人を雇ったりする。

(例)：ハウス・クリーニング、車の修理、手術、経営コンサルティング

D.「物理的環境の共同利用」

屋内または屋外、あるいはその両方の組み合わせが考えられる。顧客は、料金を支払ってその場所を共同利用する権利をレンタルする。

(例)：美術館、テーマ・パーク、商談会、ジム、動物園、スキー場、ゴルフ・コース、有料道路

E.「システムやネットワークへのアクセスや使用」

顧客は特定のネットワークに参加する権利をレンタルする。顧客のニーズや支払い能力に応じて、さまざまな使用条件が設定されることが多い。

(例)：通信、公益施設（電気やガスなど）、銀行、保険、特別情報サービス

　したがって、市場におけるサービスは、これらA〜Eの5種類を組み合わせることによって成立することになる。たとえば、タクシーに乗り目的地に行く場合は、車と運転手の労働力をレンタルすることになる。また、医療において手術を受ける場合は、最初に外科医をリーダーとする医療専門チームの労働力や専門知識をレンタルし、病院の手術室にある医療機器を一時的に（ただし独占的に）レンタルするという考え方になる。その後、入院して療養するのであれば、病室のスペースや場所も一時的にレンタルすることになる。

　このように機能面から検討しても、レンタルの概念からサービスを検討

してもともに、無形かつ所有の対象とならないものを消費者に提供する経済活動がサービスであるということは、コトラーの定義、ラブロックの定義からも明らかである。

2 サービスの特徴

サービスは多くの場合、直接に顧客に働きかける活動であるために、その品質は製品のように客観的に比較して優劣をつけることが不可能な場合が多く、どちらかといえば主観的な側面が重要となる。またコトラーは、人間をベースとするか設備をベースとするか、対人か対物か、対個人サービスか対事業所サービスか、営利か非営利か、あるいは公的サービスか私的サービスかの類型も多岐に示している[7]。したがって、サービスとは個人や組織を対象として何らかの価値を生産して活動し、提供あるいは働きかけることであると理解することができる。

ところで、サービス産業を考察する場合、ホテル、旅館、あるいはレストラン等を中心とするフード・サービス産業は、その特徴を分析しやすい好例であるが、顧客はこれらのサービスに対して、支払い前に自分で比較や評価をすることは困難である。その場、そのときの体験を通して初めてサービスの質が評価できるからである。そして、標準化しにくいのもサービスの大きな特徴である。同じレストラン内でも店員の知識や経験の差によってメニューの説明にも差が出てくるであろうし、サービスを提供する店員の性格の違いなどによっても顧客が受ける印象は違ってくる。しかも、そこでの体験は一過性のものであるから、満足を得られなくては、その店舗や場所を二度と訪れなくなる。

また、製品は生産されて顧客に消費されるまでに、時間的に大きな差がある。在庫可能の製品であれば、夏季に生産された製品を冬季に販売することもできる。また、適正なマーチャンダイジングにより、顧客セグメント別に売れ筋商品をあらかじめ分析することも可能である。しかし、サー

ビスは生産と消費が同時に行われている状況にある。たとえばタクシーや電車などの輸送のサービスは、企業は顧客が目的地に到着するための手段としてのサービスを生産していて、同時に顧客はそのサービスを消費しているのである。このように生産と消費が同時であるために、企業の経営のトップは、サービスが行われている現場に介入できない場合も多い。したがって、サービスの質をいかに管理するかは、大きな課題である。いずれにせよ、上述の例からも明白なように、サービスを生産する単位が人であることが中心なので、提供されるまでのプロセスを左右する組織の理念や価値観および経営方針、従業員の行動がサービスの生産に大きな影響を及ぼし、これらの要素を包括した関連性がサービスの質に依存してくる。これまでの分析から主なサービスの特徴は下記のようになる。

- ・無形性
- ・事前評価が困難
- ・標準化しにくい
- ・一過性
- ・生産と消費の同時性

3 サービスの評価基準と広告・プロモーション

前項のサービスの特徴の中でも、とりわけサービスの評価方法についてはさまざまな議論がなされている。無形性であるがゆえ客観的な判断がしにくく、一過性であるために、サービスが提供され、それを体験した事後に初めて判断することが可能となるからである。事前評価ができないのであれば、有形財と違い、プロモーションによって消費者を集客することも困難となる。仮に、多額のプロモーション・コストを企業が投入し、多くの消費者に注目され期待値が上昇したとしてもサービスを受けた後の評価が、事前評価＞事後評価になると、悪い口コミが流れる可能性がある。

図5-5のごとく、サービスを受けたときの顧客満足度＝現在価値÷初期

顧客満足度＝現在価値÷初期の期待値

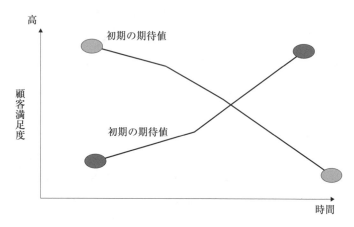

図 5-5　無形財における顧客満足と期待水準の関係

の期待値で考えると、初期の期待値が高ければ高いほど、顧客の当該サービスに対する評価は厳しく、時間が経過するにつれて、満足度は低下していく傾向にある。逆に、初期の期待値が低ければ、時間の経過とともに顧客の満足度は上昇していく可能性がある。これは対人関係を例にとるとわかりやすい。友人関係であれ仕事仲間であれ、初対面の印象で「とても良い人」「友好的で同調できる」などの評価を相手に下しても、徐々にその人の悪い所や自分と合わない部分が見つかり、その人に対する評価は時間の経過とともに、下降する傾向がある。逆に、初対面での印象があまり良くないと、「付き合ってみると意外と良い人だった」等の理由で、その人に対する評価が一定期間をすぎてから上昇する可能性もある。この傾向と同様に、多額のプロモーション・コストを投入し、注目が集まると消費者の期待値は事前から高くなる。たとえば、封切りの前に広告露出の多い映画は、消費者の期待値が高まり、「期待通りに面白くて当たり前」である。しかし、期待通りでなければ、今まで見た映画と大差はなくとも、顧客満

足度は低くなる。逆に、注目率が低かったため期待しないで映画館へ行き、「期待以上に面白かった」となると、顧客の満足度は事後に上昇する。したがって、サービスに対してプロモーション・コストをどう考えるかは企業にとって大きな課題の一つである。費用対効果の側面からすると、プロモーション・コストをかけずに期待値を低く設定し、サービスを消費した事後に口コミ等により顧客満足が上昇するのを待つ方が効率的に思える。しかし、まったく認知されない新商品は集客力がなく、市場からの撤退を余儀なくされる。したがって、企業はプロモーション・コストと初期の期待値のバランスを検討しなくてはならない。また、当該商品のどんな側面に消費者が期待しているかという内容も考察する必要がある。

　消費者が商品に何を期待しているかを検討する際、第1項におけるコトラーの定義にそのヒントがあると思われる。コトラーは、定義の中で、サービスは「無形かつ所有の対象とならないものを提供する活動」としている。これはラブロックの定義と同様であるが、「物理的な製品と結びつけて提供される場合もある」ということもつけ加えている。これは当該商品に対して、消費者は有形要素と無形要素のどちらを重視して選択しているかということを意味する。たとえば、レストランを選択する際に、食材の新鮮さや提供されるメニューの美味しさといった目に見える要素はもちろん、「店舗の雰囲気」「店舗への入りやすさ」「店員の対応」など無形の要素を考慮しながら、自身に適切なレストランを選ぶであろう。これに対して、衣服や車であれば、品質、ブランド、デザイン、使いやすさなど目に見える有形要素を重視し、店舗の雰囲気や店員の対応などはレストランに比べれば重要度が低い。

　図5-6に示す通り、有形要素の高低を縦軸、無形要素の高低を横軸にとると、さまざまな商品が浮かび上がる。図の中では、ペンは「使いやすさ」や「書きやすさ」といった有形要素が一番強く、それを基準に商品を選択する。一方、医療診断は「信頼性」といった無形要素が一番強い商品と想

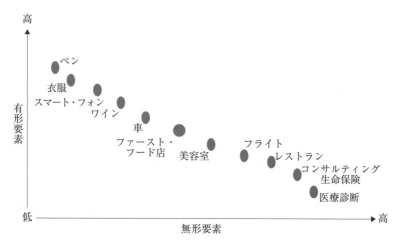

図 5-6　有形要素と無形要素

出所：Christopher Lovelock & Jochen Wirtz（2007）*"Service marketing 6th edition"* 白井義男監修・武田玲子訳（2008）『サービス・マーケティング』ピアソン・エデュケーション、p.19 を参考に作成。

定され、その経験をした事後に判断をすることになる。問題になるのは、ある商品が無形要素が強いのが明白になったとしても、無形要素の何を消費者は求めているかということであり、商品の種別ごとに要素の内容検討が必要になる。たとえば美容室であれば、「店舗への入りやすさ」「雰囲気」に加え、「美容師の技術」が要素として重視される。これに対して、コンサルティングや生命保険などは、「企業の体制」や「説明責任」「契約内容の明確化」、および「交渉力」などが消費者に求められる。同様に有形要素が強い商品においても、ペンであれば使いやすさが重視されるであろうが、衣服であれば、「素材」「ブランド」「デザイン」など、ペンの要素とは異なる、目に見えるものが重視される。そして、当該の商品価格を考慮しながら選択される。有形財であれば比較対照が明確なので、ブランドごとにさまざまな差別性を打ち出し、比較優位性を獲得するための広告・プロモーション戦略が行われているのが現状である。しかし、無形要素であ

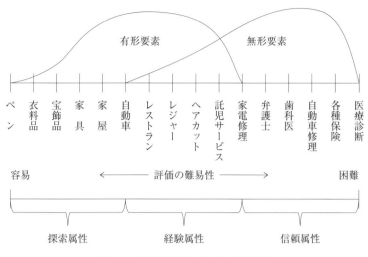

有形要素　　　　　　無形要素

ペン　衣料品　宝飾品　家具　家屋　自動車　レストラン　レジャー　ヘアカット　託児サービス　家電修理　弁護士　歯科医　自動車修理　各種保険　医療診断

容易　　　　　　←──── 評価の難易性 ────→　　　　　困難

探索属性　　　　　　　経験属性　　　　　　　信頼属性

図 5-7　消費者評価に基づく商品分類

出所：浅井慶三郎（2003）『サービスとマーケティング―パートナーシップマーケティングへの展望―』（増補版）同文舘出版、p.21 を参考に作成。

る店舗の雰囲気や店員の態度や信頼性などは目に見えるわけではないので、消費者に訴求して理解を得ることが困難となる。また、評価基準も明確でないので競合商品同士の比較も難しい。有形財の多くは広告、近年ではインターネットや店舗での陳列を見て、購買前に商品の属性を評価しやすい。さらに、消費者は店舗に入って店員と対話して事前情報を入手できる。しかし、無形財の多くは事前情報の収集が困難であるため、商品属性、すなわち無形要素の内容を企業側が訴求しても消費者はその信憑性の判断をし難い。

　そのため、商品を有形・無形の側面から分類することに加えて、商品属性の観点で商品を分類することが必要である。つまり、消費者は商品の属性をどの程度まで購買前に評価することが可能であるかという観点での分類である。そこで、商品に対する消費者の購買事前評価の難易を軸に検討を試みる[8]。

図5-7は横軸一線に商品が並んでおり、この順番は商品に対する消費者評価の難易性を示している。つまり、左側は比較的、商品の評価が容易であり、右側に行けば行くほど評価が困難になる商品が想定されている。この図では、ペンが一番左側にあり評価が最も容易であることを示している。逆に医療診断は一番右側にあり、これらの商品の中で評価が最も困難であることを意味する。また、左側に行けばそれだけ有形要素が強い商品であり、右側は無形要素が強い商品が順に示されている。一番左側のペンから家電修理まで、そして自動車から一番右側の医療診断までがそれぞれ曲線で結ばれている。前者は有形要素が、後者は無形要素が重要視されるのはいうまでもないが、自動車から家電修理までは両曲線が交わっている状況にある。交わっている部分に並んでいる商品は有形要素・無形要素が融合し、両要素ともに重要である商品群を示している。たとえば、託児サービスは子供を預けるため、「信頼性」「安全性」といった見えない要素も重要であるが、施設の充実や清潔感、料金体系などの有形要素も消費者が選択する際には重要視される。

　このように、有形要素が強い商品は、後述の第8章にも示されているように、最寄り品、買回り品、専門品によって分類されているために、消費者がブランドや、品質、価格などの目に見えるものを比較検討して選択される商品である。当然、商品だけでなく、どこで購入すれば安いか、利便性があるかなどの店舗の比較も選択要因である。したがって、探索属性というカテゴリーに含まれる商品群であり、これらは購買前の情報をもとに商品が選択される。企業側も消費者のベネフィットに適合した目に見えるものをもとにプロモーションの訴求方法を検討すべきである。

　一方、有形要素と無形要素が融合している商品群は、購買前に無形要素の良否を評価することが不可能である。たとえば、初めて当該レストランで食事をする場合、提供されるメニューの食材などは事前に情報を入手できるが、店舗の雰囲気や従業員の対応などは、そこでのサービスを体験し

てわかるものである。同様に、旅行に行くときに利用するホテルや旅館も事前にパンフレット等で設備は確認できても、実際に宿泊して総合的な評価が下される。したがって、これらの有形・無形の商品群は経験属性というカテゴリーに含まれる。消費者は商品を選択する際に、自分自身と目的の合った人々の体験談や口コミを参考にする。そのため、購買前は、上述第1節第2項の「権威」「希少性」「他人の行動」といったベネフィット向上のための広告戦略に期待がかかる。つまり、無形要素は購買後に評価されるが、これら消費者へのシグナルをいかに広告の中に導入し、事前にベネフィットを向上させることができるかが鍵となる。

　最後に、判断基準が一番困難なのが信頼属性であり、図中では右側に行けば行くほど困難性は強まる。近年では、コンサルティング業や自動車保険などのテレビCMにおいて、従来のイメージ・キャラクターなどに頼らず、コールセンターの情景を表現するCMが多く見られている。信頼属性のカテゴリーにある商品群は信頼性はもちろん、安全性およびわかりやすさなどが重視される。そのため、消費者が困ったとき、不測の事態が起こったとき、きちんと親身になって対応している情景を表現する方が消費者に対して訴求効果があると思われる。しかし、医療診断 9) などのサービスは、消費者が経験してもその真価を評価しえない場合がある。仮に医師が「完全に治った」「もう大丈夫である」と話しても、患者は完全には不安が取り除かれない場合がある。彼らの不安感は治療の成果が、生命に関わる度合いが大きいほど深刻化する。この不安感を和らげるために、何件もの病院を訪れる患者があるのもまれでない。患者が医療診断に満足するのは、医師の技術や医療施設の充実にもよるが、それ以上に医師の名声や患者との人間関係を通じての、患者と医師の相互理解ならびに患者の意思に対する信頼感によるものである。したがって、信頼属性に属する商品の現状としては、広告・プロモーションによる訴求は困難を極めるといっても過言ではなく、理論構築が課題といえる。

注

1 ）この件に関しては、杉本編著（2007）p.11 を参考にした。
2 ）意思決定過程の5段階に関しては、平久保（2007）pp.18-19 および、
　宮澤・亀井監修（2004）p.130 を参考にした。
3 ）消費者へのシグナルに関しては、重田（2002）pp.108-115 を参考にした。
4 ）Kotler（1991）村田監修（1996）p.433
5 ）Lovelock & Wirtz（2007）白井監修・武田訳（2008）p.15 から引用。
6 ）同上、pp.14-15 参照。
7 ）Kotler（1991）村田監修（1996）p.433 参照。
8 ）商品に対する消費者評価の難易度については、浅井（2003）pp.18-21
　を参考にした。
9 ）この場での医療診断に関しては同上、p.20 を参考にした。

参考文献

浅井慶三郎（2003）『サービスとマーケティング―パートナーシップマーケ
　ティングへの展望―』（増補版）同文舘出版
雨宮史卓（1999）「フード・サービスとストアブランド・エクイティ」『日
　本フード・サービス学会年報』（第4号）日本フード・サービス学会
雨宮史卓（2004）「ホスピタリティ・マネジメントとマーケティング・マネ
　ジメントの比較研究Ⅲ～顧客の概念を中心に～」『HOSPITALITY』（第
　11 号）日本ホスピタリティ・マネジメント学会
雨宮史卓（2009）『ブランド・コミュニケーションと広告』八千代出版
雨宮史卓（2018）「広告コンセプトとベネフィット・セグメンテーションに
　関する一考察」『研究紀要』（第 31 号）日本大学通信教育部研究所
池ノ上直隆・井内俊文（2001）『ネット消費者心理のつかみ方』中央経済社
重田修治（2002）『なぜか買ってしまう　マーケティングの心理学』明日香
　出版
杉本徹雄編著（2007）『消費者理解のための心理学』福村出版
竹村和久編（2006）『消費行動の社会心理学』北大路書房
匠英一（2005）『図解でわかる　心理マーケティング』日本能率協会マネジ
　メントセンター
平久保仲人（2007）『消費者行動論』ダイヤモンド社
宮澤永光・亀井昭宏監修（2004）『マーケティング辞典』（改訂版）同文舘
　出版
Christopher Lovelock & Jochen Wirtz（2007）*"Service marketing 6th edi-
　tion"* 白井義男監修・武田玲子訳（2008）『サービス・マーケティング』
　ピアソン・エデュケーション

Philip Kotler（1991）*"Marketing Manegement: Analysis, Planning, Imple-mentation and Control"* Prentice Hall 村田昭治監修（1996）『マーケティング・マネジメント』（第7版）プレジデント社

第6章

ブランドの基本的概念と種類

第1節　ブランドの基本的概念

1　ブランドの定義

　ブランドについては、競争と財務の2つの視点から理解することが重要である。財務については後述するが、ここでは、まず、競争の視点からブランドを「名前、用語、サイン、シンボル、デザイン、あるいはそれらの組み合わせであり、ある売り手の商品を競争者から区別する目的でつけられたもの」[1] と規定する。すなわち、ある顧客にとって、その製品・サービスの名前やデザイン等に触れた際に、それらにまつわるさまざまなイメージができ、同時に他の製品と区別ができた時点でブランドと呼べるであろう。企業側の視点に立てば、顧客の需要を創造し確保する役割を担う競争優位の源泉となった時点が、ブランド確立時といえる。したがって、ブランドは特定の製品・サービスを表す、またはそれらのまとまりを表す固有名詞として示すことができ、製品の物理的機能を示すものではない。

　このことは特定の製品を想像すると理解しやすい。製品は基本的機能だけ備わっていればよいわけではない。むしろ、企業はいかに競合製品と差別化をはかるかという付加機能で勝負しているといっても過言ではない。たとえば「車」という製品は、動いて人や荷物を運ぶという必要最低限の働きが基本機能であり、「バッグ」は小物や書類などを入れて手軽に持ち

運びを可能にするのが基本機能である。したがって、紙袋でも高級ブランドのバッグでも基本機能に差がないことになる。

これに対して、消費者側はスタイル・デザインが自分好みであるとか、当該ブランドにステータスを感じるといった付加機能の方を重視する傾向にある。そればかりか販売店のディーラーの対応が好印象であったとか、アフターサービスが充実しているなどの要素を重視する消費者も存在する。すなわち、「製品＝基本機能＋付加機能」という公式が成り立つのである。むしろマーケティング力が発揮されるのは、スタイル・デザイン、ブランド名などの製品の物理的機能に関係がない製品イメージの領域である。とりわけブランド概念に関しては、ブランド・エクイティの概念が浸透したことにより、ブランド戦略の重要性が高まり、今日では製品戦略の一領域にとどまらず独立した領域となっている。また、日本市場における消費者のブランドに対する関心はとても高く、企業がいかにパワーのあるブランドを構築するかが大きな課題となっている。

それではブランドとして成立するための意義は何であろうか。顧客の視点からブランドを考察すると次の2点に凝縮できる。

一つは、最低限の品質保証である。今日のように情報過多になった時代には、顧客の一人一人が製品の大量の情報を処理するのは不可能である。特定ブランドの評判や名声を情報として蓄積していれば、たとえ購入しようとしている製品に十分な知識がなくても、そのブランドの信頼性が一つの指針として大きな役割を果たしうる。

もう一つは、そのブランドの製品を所有することによって顧客満足度が上昇するという点である。たとえば、単純に基本機能としてのバッグを購入するのであれば、「ルイ・ヴィトン」を購入するのは経済的合理性の点では反している。しかし、このブランド名が一定の顧客に対して、ハイセンスあるいはステータスといったさまざまな価値を与えているのである。確かに、品質が顧客に認められてこそではあるが、一定の品質が確保され

た上では、同品質であってもルイ・ヴィトンの名が付与しているものと、そうでないものとの価格差はきわめて大きい。この製品価格には、無形であるブランド名が顧客の満足度を満たしたことについての代価が含まれていることになる。

　顧客が満足度を特定のブランドで満たすとは何を意味するのだろうか。それは同一製品カテゴリーにおける他のブランドとの比較によって成立することが多い。上述のごとく、ブランドは固有名詞であり、ブランド定義からも明らかなように、一言でいえば「商標」を意味するのが世界共通である。ところが、日本市場においては異なった意味としてとらえられることがある。たとえば、ある人の服装がハイセンスと思い、「素敵な服ですね。どこのブランドの服ですか」と尋ねたとする。そして、尋ねられた人が「○○○○です」と特定のブランド名を答えたら、「すごい、ブランドものですね」と尋ねた人がいったとする。これは、日常においてよくある会話であるが、「ブランドものですね」のときのブランドの意味は「商標」ではなく、「高級な製品」「高価格な製品」「有名な製品」「ステータスのある製品」などのいずれかの意味としてとらえられている。高級、高価格、有名などが意識できるのは比較対象が同一製品カテゴリーにおいて存在しているからこそ成立するのである。すなわち、特定のブランドを選んだ顧客は、他のブランドより秀でていると独自に思い選択したのである。そして他者からもその選択を認められることにより、顧客満足度が上昇し、ハイセンスあるいはステータスといったさまざまな価値を当該ブランドを通して得るのである。

　以上のようにブランドが顧客に対して最低限の品質保証の役割を果たすこと、当該ブランド製品を所有することで顧客満足度が上昇することの2点が達成できれば、企業にとってのブランドは、識別手段にとどまらず、他企業の参入障壁になったり、他の製品カテゴリーへの参入手段ともなりうるのである。

2 競争優位の源泉としてのブランド概念

　ブランド名が市場において長期間定着し、多くの消費者に認知されると、ネーミングだけで競争優位性が発揮される場合がある。それは、高価格商品にとどまらず、日常品にも及んでいる。このことは、日常に使用している身のまわりの商品群を想定すると理解しやすい。たとえば、「ビールといえば」「コーヒーといえば」「風邪薬といえば」、あるいは、「うがい薬といえば」、というように何かの商品群を問いかけてみると、特定のブランド名が思い浮かぶはずである。この場合、特定市場において普通名詞である製品名と固有名詞のブランド名が同義語化されていることを意味する。

　実例をあげると、「車」とは製品名であり、これに対して各メーカーが創造した個々の車種のネーミングがブランド名になる。たとえばホンダのステップワゴン、トヨタのクラウン、スバルのレガシィ、輸入車であればアウディ、メルセデスベンツ、BMW 等がそれにあたる。

　ところで、「絆創膏」という製品名を聞いたときに消費者は、どんなブランド名を想定するであろうか。おそらく、日本市場においては、圧倒的に「バンド・エイド」を思い浮かべる消費者が多いと思われる。そればかりか、ある人が膝や指にケガをしたときに、薬局やドラッグ・ストアに「絆創膏」を買いに行こうと思うか、「バンド・エイド」を買いに行こうと思うかでは、バンド・エイドというブランド名を頭に描いて買い物に行く消費者の方が多いのではないだろうか。しかし、バンド・エイドは「ジョンソン・エンド・ジョンソン社」というメーカーが創造したブランド名であり、他企業はこのネーミングを使用することはできない。バンド・エイドというトップ・ブランド以上に別のネーミングを消費者の頭の中に定着させるためには、気の遠くなるような年月と莫大なプロモーション・コストがかかることになるのは明白である。したがって、ジョンソン・エンド・ジョンソン社は絆創膏を製造している他のメーカーよりも圧倒的な競争優

位性をブランド名によって発揮していることになる。

　このように、特定市場において製品名とブランド名が同義語化されて、長期にわたり市場シェアでトップのブランドを、定番ブランドあるいはロングセラー・ブランドと呼んでいるが、その他にも数多く存在する。たとえば、薬品のカテゴリーでは「イソジンうがい薬」「正露丸」、その他のカテゴリーでは「ホッチキス」「サランラップ」「宅急便」などが代表的なものである。したがって、圧倒的シェアを誇るトップ・ブランドを所有する以外のメーカーは何らかの対抗策を講じる必要に迫られる。

　絆創膏の製品カテゴリーを例にとると、バンド・エイドに対して競合メーカーは同等の品質の製品がより低価格で入手することを前面に打ち出した戦略、すなわち、価格協調型マーケティング戦略を強いられる。具体的にはバンド・エイドに隣接した棚を店頭で確保し、消費者が価格、ブランド、量等を比較・検討して購入してくれるのを待つわけである。多くの消費者は、絆創膏のカテゴリーにおいてバンド・エイド以外のネーミングを認知していない。したがって、バンド・エイドを求めて店内に入り、同じ品質、

表 6-1　ブランド名と普通名詞

ブランド名（普通名詞）	企業名
宅急便（宅配便）	ヤマト運輸
バンドエイド（絆創膏）	J & J
エレクトーン（電子オルガン）	ヤマハ
ウォシュレット（温水洗浄便座）	TOTO
万歩計（歩数計）	山佐時計計器
ファミコン（家庭用ゲーム機）	任天堂
マジックテープ（面ファスナー）	クラレ
セロテープ（粘着テープ）	ニチバン
サランラップ（ラップフィルム）	旭化成
トレーナー（被服）	ユニチカ

出所：恩蔵直人（2007）『コモディティ化市場のマーケティング論理』有斐閣、p.50 をもとに加筆。

製品用途でありながら低価格であることが目に入れば購入する可能性が出てくる。消費者が大規模なドラッグ・ストアに入店し、同じ棚の位置に、「同じ効果で、この価格！」といったPOP広告を目にしてブランド選択を迷っている状況下を想定されたい。これは、低価格を訴求することによって特定市場において同義語化されているトップ・ブランドに対抗する戦略といえる。なお、日本市場において固有名詞であるブランド名と普通名詞である製品名が同義語化されている商品のいくつかの例を表6-1に示す。

3 資産価値としてのブランド概念

第1項で述べたように、2つ目の視点として、ブランドには財務的視軸に基づく理解も可能である。それは、「識別でき、測定できる資産」という定義に集約できよう。そこではブランドは売買したり、開発したり、終結されうるものであり、知的所有権（たとえば商標、特許権、著作権、デザイン）などは本質的な財産であると認識され、その所有者には権利が与えられている[2]。欧米では、ブランドを企業間で売買することが少なくないために、ブランドの資産価値を財務的に表す必要も生じてきたのである。したがって、企業にとってブランドは土地や建物と同様に資産として扱われ、その水準を財務的に評価する概念が生まれた。これが、ブランド・エクイティである。

日本と違い欧米では、M&A（企業買収）を通してブランドが日常的に取引されている。とりわけ、1980年代は企業買収が活発に行われた時代であり、短期間にいくつかの企業を渡り歩いたブランドも存在する。たとえば、モエ・ヘネシー・ルイ・ヴィトン（LVMH）はファッション＆レザーグッズの分野だけでなく、ウォッチ＆ジュエリー、ワイン＆スピリッツ、パフューム＆コスメティックス等、さまざまな分野の高級ブランドを傘下におさめている[3]。この戦略は、買収したブランドのデザイナーやスタッフを獲得したかったわけではなく、当該ブランドに対する集客力を獲得し

て、優位にマーケティングを遂行しようとするものである。そのため、獲得したブランドにはルイ・ヴィトングループが運営しているのにもかかわらず、元来のブランド・ネームが活かされルイ・ヴィトンの名前はいっさい付与されていない。したがって、ルイ・ヴィトングループが運営しているブランドだと知らないで、顧客に購入されているブランドも数多く存在するのが現状である（図6-1参照）。

　ブランド・エクイティは、一例として「一つのブランド・ネームやロゴ

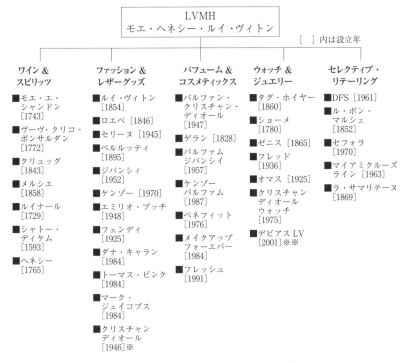

図6-1　モエ・ヘネシー・ルイ・ヴィトンの組織図

※クリスチャン ディオール クチュールは、LVMHモエ・ヘネシー・ルイヴィトン
　SAの約50％の株式と議決権を有するクリスチャン ディオール SAに属している。
※※デビアス社とLVMHによる合弁会社。
出所：http://www.lvmh.co.jp/frame-a.htm（2007年3月アクセス）

について形成・蓄積された無形の正味資産を指す」⁴⁾と定義される。また、ファクハー（P. H. Farquhar）は「ある所与のブランドが製品に対して付与するところの付加価値（added value）」⁵⁾と定義している。ここでいう製品とは、機能的便益を提供する何ものかのことであり（たとえば、歯磨き粉、生命保険契約、自動車）、これに対して、ブランドとはそのような機能的な目的を超えて製品の価値を強化するところの名前、シンボル、デザイン、ないしはマークのことを指している。アーカー（D. A. Arker）によれば、「ブランド・エクイティはその名前やシンボルと結びついたブランドの資産と負債の集合」であるとしている。さらにアーカーは消費者心理の中で形成させる資産を次の5つの要素にまとめている⁶⁾。

① ブランド・ロイヤルティ（顧客がブランドに対して有する執着心の測度）
② ブランド認知（あるブランドがある製品カテゴリーに明確に所属していることを潜在的購買者が認識あるいは想起する能力）
③ 知覚品質（ある製品・サービスの意図された目的に関して代替製品と比べた、全体的な品質ないし優位性についての顧客の知覚）
④ ブランド連想（ブランドに関する記憶と関連しているすべてのもの）
⑤ その他の所有権のあるブランド資産（商標、特許、チャネル関係など）

ブランド・ロイヤルティとは顧客が特定のブランドに対して有する執着心や忠誠度のことである。顧客が商品を購入する際に同一ブランドを反復購入する度合いや、ブランドに対する好意度で測定される。一定期間中の購入回数の比率が高いほど、その商品カテゴリーにおけるブランド・ロイヤルティが高いことになる。たとえば、シャンプーなどの日常品であれば購入頻度は誰しも高い。多数あるメーカーの特定のブランドのシャンプーを反復購入している状況は、シャンプーという製品ブランドに対してブランド・ロイヤルティが高いことになる。これに対して、車は日常品と比べ購入頻度は低くなるし、万人が必要とするわけではない。しかし、車を好

きな人が特定の車種ではなく、特定のメーカーの車を買い替えて乗り続ければ、製品ブランドではなくメーカー・ブランドに対してブランド・ロイヤルティが高いということになる。また、このように顧客が特定のブランドを購入している状況やしたいと思う状況は、高品質のみならず、販売員、小売店の環境や問題が起きたときのカスタマー・サービスの対応状況など、さまざまな顧客との接点が魅力的であり、一貫していることによって確立される。ブランド・ロイヤルティが高いと、ブランド拡張時や新商品カテゴリーへの参入時においても成功の可能性が高まるのである。

　ブランド認知とは、言葉通りどれだけの人がそのブランドのことを知っているかを意味する。詳しくは、特定のブランドがある商品カテゴリーに属していることをどれだけの消費者が再認（recognition）あるいは再生（recall）できるかということを示す。そして、ブランド認知は深さと幅を定義することができる。ブランド認知の深さはブランドのさまざまな要素を思い出す確率とその容易さによって定義される。つまり、多くの消費者に当該ブランド名が知られていることは強いブランドの証であるが、同じ知られているにしても容易に思い出すブランドと、思い出すのが困難なブランドとでは認知の深さに差異があることになる。さらに、消費者がどんな状況でもブランド名が頭に残っていることも重要である。店頭に入り、商品棚を前にしてたまたま知っているブランドを目にして思い出すよりは、仕事のときや街角を散歩しているときにも思い出された方が消費者に選択される確率が高くなる。テレビ CM などで消費者の印象に残る動画や CM ソングが検討され、音楽に合わせてブランド名が連呼されるのは、そのためである。ブランド認知の幅とは、ブランドを知っていることにより、いつ、どんなとき、どこで思い浮かべるかを意味する。たとえば、大塚製薬の「ポカリスエット」[7] はスポーツ飲料としてスタートしたが、失われた水分を速やかに補う機能や、カロリーが低いことを訴求して、風邪を引いたときや、二日酔いのとき、あるいは体重が気になるときも思い出される

飲み物となった。このようにブランド認知の幅を広げることによって、多様な状況下で想起されうる名の通ったブランドに成長したのである。

　知覚品質における「知覚」とは、物事の差異を消費者が五感（視覚、聴覚、触覚、味覚、嗅覚）で感じることである。知覚が形成される場合には、ある程度過去の記憶と思考に影響を受ける。さらに過去の記憶や思考は、消費者それぞれの好意の違いや、そのときの状況に影響される。たとえば、音楽は聴覚により知覚が形成されるが、音楽の好みは人それぞれであるし、その日の気分や季節、天候などによっても聴きたい音楽の種類が変わってくる。また、嗅覚における例としては、商店街を夕方散策すると、焼き鳥や焼き肉の香りがしてくれば、空腹時には好ましく思うであろうが、そうでないときは不快に思うときもある。したがって、知覚品質も商品に対して消費者が持つ品質や優位性についての感覚的な知覚であって、絶対的な尺度によって構成されるわけではなく、必ずしも客観的に決定はできない。しかし、知覚が形成されるためには、商品に対して当該消費者のベネフィットに適合するか、同一商品カテゴリーの代替ブランドと比較してなされることが多いため、ブランド・エクイティの形成・判断において重要な要素となる。

　ブランド連想とは、ブランド名等を手掛かりに消費者の記憶内に形成・保持されたブランドの知識が連想的に想い起こされるさまざまな意味内容のことである。想起される意味内容の例としては、品質・特徴などの商品属性、使用者イメージや使用状況、商品カテゴリー、購入によって得られる機能的、情緒的、自己表現的ベネフィット、さらに、当該ブランドに対する全体的評価としての態度など多岐にわたる。また、それぞれの意味内容はブランド戦略の課題上、強く、好ましく、ユニークであることが求められる。あるヨーロッパの高級ブランド名を聞いて「ハイセンス」ということがすぐに浮かぶのであれば、その人にとってハイセンスは当該ブランドと強く結びついた連想である。好ましい連想とは、消費者が魅力的と感

じ、なおかつコミュニケーション活動を通してより多くの消費者に伝達しやすい連想のことである。たとえば、高価格な商品カテゴリーを揃えるブランドに対して「高級品」と連想されれば魅力的に感じるかもしれないが、「贅沢品」と連想されるとマイナスのイメージである。逆に低価格を意味する連想でも「安くて良心的」と「安かろう悪かろう」ではどちらに魅力を感じるかは明確である。また、スーパーマーケット等が「バリュー価格」や「ロープライス」を銘打っているのは、消費者が低価格であっても価値があることを連想する手助けのためである。そしてユニークな連想とは競合ブランドにない、独自性の高い連想のことである。ファッション・ブランドなどがオリジナルのキャラクターを創造するのは、消費者に他の企業にはない独自性の高い連想を植えつけるためであり、ユニークな連想の典型といえる。

　このようにブランド・ロイヤルティ、ブランド認知、知覚品質、ブランド連想は、企業努力により向上させれば消費者のブランド選択に関わる大きな要素になるが、ブランドが法律的に保護されていることで、エクイティが形成される場合がある。それが「その他の所有権のあるブランド資産」を指す。たとえばトレード・マークである商標やデザイン、企業独自の技術やノウハウなどは商標法や特許法で守られている。仮に、ブランドの所有者である企業が当該ブランドを「登録商標」していなかったり、独自性のある商品デザインが意匠登録されていなければ、競合企業がそれらを使用したり模倣することが可能になるため、エクイティが形成されなくなる。

　以上の検討で共通して考えられるのは、ブランド・ネームやシンボル等に付着し、ブランド・ロイヤルティ、ブランド認知、知覚品質、ブランド連想を含む資産ないし物理的資産を超えた価値がブランド・エクイティに他ならないということである。それは当該ブランド・ネームを持たない場合よりも大きな売上高やマージンを企業に獲得させ、競争の視点からすれ

ば、競争企業に対する強力かつ持続的な差別優位を与えるものである。

　日本市場においてもブランド・エクイティの概念が重要視される背景には、上述の５つの要素が企業と顧客を結ぶ指標になりうると考えられるからである。現在のように市場が飽和している状況下では、企業は既存のマーケティング戦略で市場シェア獲得を念頭に置くのではなく、顧客の中に占める自社ブランドのシェア、ポジショニングを高めることを念頭に置く。したがって、自社のブランド・イメージがいかに顧客を魅了し、指名購入を促せるかが課題となる。そして、リピーターとなってくれるロイヤルティのある顧客を創造することを目指すのである。

第２節　ブランドの種類と差別化の手段

1　ブランドの種類

　一口にブランドといっても、市場にはさまざまな製品・サービスにブランド名がついているわけだが、誰がブランドを設定するのかで、その種類が下記のように分けられる。

(1) ナショナル・ブランド

　ナショナル・ブランド（National Brand：NB）とは、製造業者ないしは生産者が設定、所有、管理し、自社製品に付与するブランドを指す。メーカーが設定するブランドの製品は、流通チャネルを開拓し、自社の製品を仕入れる小売業者・卸売業者を獲得することによって、全国的に広くチャネルを拡大できる可能性を有している。通常は大規模なメーカーが開発した製品で、独自にその名前、マーク、品質、コンセプトなどを設定して消費者に提供する製品である。メーカー・ブランドは全国的に認知される可能性があり、単一のブランドで売られることからナショナル・ブランドと呼ばれている。メーカーはそのブランドを直接に消費者に訴求して信頼や名声

を得て認知されると、小売店が他社製品やプライベート・ブランドを推奨したとしても、消費者に指名購入をされることが期待できる。

(2) プライベート・ブランド

　メーカーによるナショナル・ブランドに対し、プライベート・ブランド（Private Brand：PB）とは、流通業者が個別に開発したもので、独自の品質、ブランド名、マーク、ロゴ、パッケージ等を有している。流通業者はメーカーや加工業者に製品を作らせたり、自ら加工した製品にブランドを付したりしている。全国の市場をターゲットとしているナショナル・ブランドでは、さまざまな地域や多岐にわたる階層の消費者の需要に必ずしも適合しない場合があるため、自店の顧客ニーズに合わせた独自の品質・イメージの製品を開発し販売する際に生まれる。この推奨により、流通業者はメーカーの市場支配から逃れて自己管理の下にマーケティングを展開でき、より適切な品質の品をより安く、より良いサービスで販売することが可能となる[8]。とりわけ、小売業者は流通経路において消費者に一番近いところに存在するため、情報システムによりデータが入手しやすく消費者がどんな商品をいくらぐらいの価格で求めているかを把握できる。NB製品と異なり、広告コストも抑制できるため安価に提供できていた。

　しかし、近年では大手小売業の一部が品質や機能にこだわった高価格帯のPB製品を強化している。PB市場はさまざまなコストを抑えて低価格訴求で成長してきたが、長引くデフレでNB製品との価格競争が激化し、低価格以外で消費者ニーズを取り込む姿勢を強めている。すなわち、消費者の価格に対する考え方は節約志向と高級志向に二極化している。食品の分野にはそれが顕著であり、その背景には消費者の健康やダイエットに関心の強まったことがあげられる。

　また、服飾小売店形態の一種であるセレクト・ショップが増えている[9]。セレクト・ショップは本来、一つのブランドや特定のデザイナーの製品を販売しているわけではなく、当該店舗のコンセプトやバイヤーの主観に基

づき仕入れがなされ、陳列・販売されている。そのため、顧客には知られていないブランド等の製品も入手することができる。一般的には、服飾を扱う小売店のことをセレクト・ショップと呼ぶが、玩具や雑貨を扱う小売店も存在する。これらを考慮するとセレクト・ショップは製造者の製品を独自に仕入れて販売するわけであるから、NB 製品を取り扱うことになる。セレクト・ショップが顧客のニーズを確実に満たし、集客力が増し、ストアとしてのブランド力が定着すると、そのストアに対する顧客の信頼度は強固なものになる。この状況下で顧客は陳列された個々のブランドを選ぶのではなく、自分が信頼するストアが選んだ製品であれば、安心と思い購入している。すなわち、当該ストアで購入することが顧客にとってステータスとなる。したがって、最近ではセレクト・ショップが独自に自社コンセプトに適合した製品を企画・製造していることも多々ある。そのため、セレクト・ショップでは NB 製品と PB 製品が混合して陳列・販売されている。

(3) ジェネリック・ブランド

　ジェネリック・ブランド（Generic Brand : GB）とは、その製品に独特のブランド、ロゴなどをつけず、きわめて簡素な包装で、普通名詞で販売される製品である。製品の品質においては、流通業者が介在するので、ある程度のオリジナリティは発揮されることになる。しかしながら、PB 製品と違いジェネリック・ブランドの場合、たとえば石鹸、洗剤、砂糖というような普通名詞がパッケージに表示されているだけであり、ブランド面に個々の流通業者のオリジナリティが発揮される余地は、ほとんどないといえる [10]。GB 製品の主要な特色は次のように考えられる [11]。

　　・低価格であること
　　・自社の仕様書による製品開発と発注を行っている
　　・不要な手間やコストをかけず、その分価格を下げている
　　・広告宣伝を原則として行わないで、店頭での展示販売を主体としてい

る

- ・包装のデザインを簡略化し、簡単にする（ノーフリル）。さらに製品グループとして同一のパッケージ・ポリシイを確立している
- ・直接製品開発をすることによって流通経費が節約できる

などである。

2　コンフリクトの源泉としてのブランド（NB vs PB）

　PB 製品は NB 製品に対する価格戦略を明確に意識したものである。現実として、開発費や広告費のコストの負担がない PB 製品が NB 製品よりも安価で提供できるのは当たり前である。また、大規模なメーカーによって製造された製品は、流通の末端までメーカーの系列化がなされ、容易に廉価販売がされない場合がある。このような背景から NB 製品は、知名度や品質面の信頼は高いが、価格が下がりにくくなっている。今までは、NB 製品は PB 製品に対して小売業のマージンは低いが、多く売れれば利益額は確保してきた。しかしながら、昨今のような景気後退期には、消費者の低価格シフトが顕著となり、PB 製品が注目されてきている。

　流通業者にとって NB 製品とは経営におけるプラス面とマイナス面の相反する側面を持っている。小売業者は知名度の高い NB 製品を店頭に陳列することにより、消費者を当該店舗に引きつけることができる。とりわけ規模の大きいチェーン店では、NB 製品を前面に押し出して、マーチャンダイジングを計画したり、プロモーション活動を企画する傾向にある。歳末大売り出し等のチラシ広告はその典型例である。消費者は知名度のある NB 製品が、どれぐらい割引されているかを調べて買い物に行く。逆に、知名度のない製品は安くて当然と思う傾向にあるので購買意欲を掻き立てない。しかし、メーカーの流通支配力が強いと、流通業者としては価格や製品の仕様について自店に適合した製品を開発したいという望みが出てくる。そのため、小売業の規模が大きくなったり、消費者からストア名が名

声を得ると PB 製品を開発することになる。上述のセレクト・ショップは
その好例である。

　製品の類型に関しては第 8 章第 1 節-2 において後述するが、消費者の
製品選択傾向を考えてみる。一般的な傾向として、セレクト・ショップや
その他の専門店で購入する専門品・買回り品は、それぞれの好みや個性に
合った高品質志向であり、最寄り品・日用品は、利用する機能や使用頻度
の関係から低価格志向である。例をあげれば、情報機器や家電製品などは
耐久年数、使用期間も長く、一般的に高価格であるので購入後も製品の品
質が保証され、知名度の高い NB 製品を購入する傾向にある。これに対し、
低価格で販売でき、粗利益幅の大きい製品として PB 製品が増大している
製品カテゴリーがある。とりわけ、食品業界の PB 製品の普及率の増大は
顕著である。食料品の場合、単価が低く、またそれほどブランド・イメー
ジに左右されないという特性を有しているために、PB には非常に適した
製品である。現に、コンビニエンスストアやスーパーマーケットでは中食
のパッケージやドリンク類のボトルに当該ストアのロゴが付され、他の食
品メーカーのそれらよりも安価で販売されている。

3　製品差別化の究極手段としてのブランド

　ところで、ブランド・エクイティの考え方は、本章第 1 節-3 から理解
できるように、ブランドには土地や建物と同様に価値があり、ブランドは
所有者の資産の一つであるという発想を出発点としている。ブランドが付
与されているときのキャッシュフローと付与されていないときのキャッシュ
フローの差を考えてみると理解しやすい。たとえば、世界の製菓市場をリー
ドするマース・バー [12] に対抗して、競合者が味、価格、見た目でマース
と変わらないものを作る能力がありながら、競争できないでいるのは、マー
スが競合者のブランドにはない何かを持っているからである。消費者はマー
ス・バーのブランドが示す価値の組み合わせが市場において他のどの製品

とも違っていることを認識している 13)。

　また、PB対NBでいえば、アメリカにおいて、20の製品カテゴリーにおいて消費者の約40％がPB製品はNB製品に対して、等しい品質かそれ以上であると知覚している。しかしながら、全体の9％の消費者しか、PB製品に対してNB製品の価格と同じ、あるいはそれ以上の価格を支払うつもりはないという調査結果も出ている 14)。これらの差別化は、製品の有形の側面（味、価格、見た目）により達成されるのではなく、包装、名前、シンボル的側面およびブランドの独自性のような無形の要素によって達成されるのである。この調査結果は、日本市場における食品業界とは大きく異なる結果といえる。

　このように、ブランドは製品の差別化の究極にある。消費者は無形の要素であるブランドを認識することによって、他社の製品より高い価格で購入し、優先的な選択をするケースがある。また、ブランド・エクイティが確立した製品を選択すれば購買行動におけるコストばかりでなく、買い物をする際の不安や時間も削減できることも見過ごしてはならない。

　ブランド・エクイティは個々の消費者レベルで考えることもできるし、消費者を統合して考えることもできる。また、ブランドを資産として考えるとき、当然正と負の資産が考えられる。資産を育成することも、逆に喪失してしまうこともある。かつて、コカ・コーラが味の変更を行ったときにアメリカの市民が示した反応は、コカ・コーラのブランド資産の正と負の資産の大きさを示している 15)。このように現在はブランド価値が高くても、消費者に対するブランド・マネジメントを怠ると、将来の保証はなくなってしまうのである。

　わが国においてコカ・コーラは、1994～1995年に価格破壊の嵐が日本の小売業の間を吹き荒れたとき、38～48円というようなPB化した製品が、大手小売業によって輸入販売され、少なからぬ影響を受けた。しかし、そのブランド・アイデンティティを守り抜くことで、地位を保つことに成功

した。結局 PB コーラは市場に根づくことはなかった。それは、コーラという飲物のベネフィットをコカ・コーラというブランドと同期化して消費者に再認識させることに成功したからである [16]。このことは、ブランド・マネジメントを怠らなかったとされる企業の好例であると思われる。

注

1）Kotler（1991）村田監修（1996）p.425
2）Oliver（1993）福家訳（1993）p.7
3）詳しくは、http://www.louisvuitton.com/web/flash/index（2008 年 12月 1 日アクセス）「Louis Vuitton　会社概要」を参照。
4）久保村・荒川監修（1997）p.281
5）Farquhar（1989）青木訳（1993）p.29
6）Arker（1991）陶山・中田・小林訳（1994）p.20
7）ポカリスエットに関しては、青木・恩蔵編（2004）p.140 参照。
8）久保村・荒川、同前掲書、p.280
9）セレクト・ショップに関しては、㈱トゥモローランド http://www.tomorrowland.jp/（2019 年 9 月 1 日アクセス）、㈱ビームス http://www.beams.co.jp/（2019 年 9 月 1 日アクセス）を参考にした。
10）野口（1995）p.28
11）梅沢（1991）p.142
12）1932 年に発売されて以来、マース・バーは世界の製菓市場をリードする立場にあった。そのブランド価値の組み合わせは、国境や文化を越えて、消費者にアピールした。
13）Stobart（1994）岡田訳（1996）pp.229-258 参照。
14）Business & Industry（1998）p.7
15）河野・村山（1997）p.280
16）平林（1998）p.59

参考文献

青木幸弘・恩蔵直人編（2004）『製品・ブランド戦略』有斐閣アルマ
雨宮史卓（2001）「ブランドの価値と創造的可能性」『マーケティング・ソリューション』白桃書房
雨宮史卓（2001）「産業構造の変化とブランド概念の進展」『マーケティン

グ流通戦略』白桃書房

雨宮史卓（2008）「消費者の購買行動の変化とブランド・マーケティング」
『コミュニケーション・マーケティング』白桃書房

雨宮史卓（2009）『ブランド・コミュニケーションと広告』八千代出版

梅沢昌太郎（1991）『食品のマーケティング』白桃書房

恩蔵直人（2007）『コモディティ化市場のマーケティング論理』有斐閣

河野昭三・村山貴俊（1997）『神話のマネジメント　コカ・コーラの経営
史』まほろば書房

久保村隆祐・荒川祐吉監修（1997）『最新商業辞典』同文舘出版

長沢伸也（2011）『ルイ・ヴィトンの法則―最強のブランド戦略―』東洋経
済新報社

野口智雄（1995）『価格破壊時代の PB 戦略』日本経済新聞社

平林千春（1998）『実践ブランド・マネジメント戦略』実務教育出版

Business & Industry（R）（1998）*Why Consumers Pay For National
Brands"* Research Alert, April 17.

D. A. Arker（1991）*Managing Brand Equity: Capitalizing on the Value of
a Brand name* 陶山計介・中田善啓・小林哲訳（1994）『ブランド・エク
イティ戦略』ダイヤモンド社

H. Farquhar（1989）*Managing Brand Equity* 青木幸弘訳（1993）「ブラン
ド・エクイティの管理」『流通情報』（4 月号）流通経済研究所

Paul Stobart（1994）*Brand Power* 岡田依里訳（1996）『ブランド・パワー
最強の国際商標』日本経済評論社

Philip Kotler（1991）*"Marketing Management: Analysis, Planning, Imple-
mentation and Control"* Prentice Hall 村田昭治監修（1996）『マーケティ
ング・マネジメント』（第 7 版）プレジデント社

Terence Oliver（1993）*Brand Valuation* 福家成夫訳（1993）『ブランド価
値評価の実務』ダイヤモンド社

第7章

ブランドを軸とした
マーケティング戦略の展開

第1節　ブランド・エクイティの有効性

　前章での考察のように、ブランド・エクイティの構成要素には、ブランド・ロイヤルティ、知覚品質、ブランド連想、ブランド認知などが含まれる。これらの構成要素は、消費者行動、広告効果などの分野では個別的には研究されている。だが、こうした構成要素を包括する概念であるブランド・エクイティがあえてマーケティングで注目されるようになったのは、次のようなメリットを有するからである。

(1) マーケティング効率の向上

　プロモーション等で、新規顧客を開拓する場合を想定すると、当該ブランドに対する消費者の認知度が高かったり、品質に対する不安がなければ効率的にマーケティングを展開することができる。つまり、当該ブランドを所有する企業は、所有していない他社より何らかのリードを有してスタートすることができる。

(2) プレミアム価格を設定することによってより大きなマージンを得ることができる

　ヨーロッパの高級乗用車に見られる高価格戦略は、その好例である[1]。ブランド・エクイティが確立されていれば、プロモーション努力を軽減できるという面からも、マージンは大きくなる可能性がある。景気後退期に消費が冷え込み、プロモーション費が全体的に合理化・削減されたとして

も、このことは期待できると思われる。なお、このプロモーション努力には、消費者に対するものだけでなく、流通業者に対するものも含まれている。

(3) 流通業者の協力を得やすい

pos システムをはじめとする情報化の進展により、流通段階における意思決定は、ますます迅速になっている。そのため、流通業者にとって知名度の低いブランドを扱うよりも、ブランド・エクイティの確立しているものを取り扱う方が有効である。たとえば小売業者は強力なブランドを店頭に陳列することにより顧客を引きつけることができる。特に、あまり規模の大きくないチェーン店では、強力なブランドを前面に押し出して、マーチャンダイジング計画を立案したり、プロモーション活動を企画する傾向がある[2]。また、ブランドの棚を確保し、販売に対する努力も協力的になる。このことは、既存ラインにおいてもラインの拡大時においても同様であると思われる。

(4) 競争優位の源泉となる

市場には既存製品による一種の参入障壁ができ上がっていて、後発ブランドは容易に市場に参入できないことがある。この例として濃縮小型洗剤があげられる。かつて、花王株式会社はバイオ技術を駆使した超小型洗剤「アタック」を開発した。しかし、頑固な汚れを落としたいという消費者ニーズに向けられた洗剤として認識されている他社の製品が、すでに3年間で、ほとんど全市場を制覇していた。そのため花王がこうしたニーズを狙おうとしても、ブランド連想によって、市場は支配されていたのであった。そこで花王は、製品のコンセプトを「スプーン1杯で驚くほどの白さ」というように少量の洗剤量で他の製品以上の白さを得られる超小型洗剤であることを前面に打ち出した。そして成功したのである。先発の優位性は強力である。アタックの成功で、花王は引き続いて洗剤のすべてのブランドをアタックと同じように小型濃縮化したが、それまでマーケットシェア1位

のニュービーズ、2位のザブも、強力なマーケティング活動にもかかわらず、今ではアタックに遠く及ばない [3]。このようにブランド・エクイティが確立され、特定ブランドと製品カテゴリーとの間に強力なブランド連想が生まれている市場に後発企業が参入すると、この後発企業は市場を拡大し、先発ブランドの地位をかえって強固なものとする危険さえある。

第2節　ブランド・エクイティを考慮した マネジメントの重要性

　ブランド・エクイティの概念をブランド・マネジメントに導入したならば、どのような取り組み方の転換が考えられるのであろうか。伝統的なマーケティング・マネジメントと比較した上で検討してみたいと思う。

　第1に、ブランドをどのような視点でとらえるかということである。ブランドの基本的な意義は、競争相手の製品と自社製品を識別することにあった。アイデンティティとしての意義が、長期間ブランドの中心に置かれていた [4]。しかしながら、ブランド・エクイティの概念を取り入れるとなると、その第一義は資産となるであろう。そうすれば、競争相手との差別化の手段というとらえ方でブランドをマネジメントするのではなく、資産としてマネジメントしなくてはならない。当然、マーケティングだけでなく財務などといった部署との連携がブランド・マネジメントにとって重要となってくる。

　第2に広告・プロモーション費のとらえ方である。従来のマーケティング・マネジメントであれば、広告・プロモーション費はコストであり、削減できる部分はできるだけ削減しようという性格のものであった。とりわけ、昨今のような景気後退期にはそのことが顕著であった [5]。しかし、ブランドを資産と考えたならば、広告などのプロモーション費は単なるコストといいきれなくなる。特に広告は本来、長期的・累積的効果を持つものであり、その支出は費用でなく投資としてとらえるべきである。土地や建

物に資金を投入するように、プロモーションの実施はブランドへの投資ととらえることができるのである。一方、今日の顧客満足の遂行のために企業は、「コスト発想」としての効果追求の前に、まず「投資発想」としての効果追求をしなければならないという主張もある[6]。このことは、ブランド・マネジメントに対してもまったく同様にあてはまる。ブランドに投資することで、ブランド・エクイティはしだいに高まり、将来のブランド・マネジメントをそれだけ有利に展開できる可能性も高くなる。

　第3は、利益の収穫期間についてである。従来のマーケティング・マネジメントは比較的短期間に利益の収穫を考えていたが、今後は長期にブランドを育成していくことが必要となる。このことは広告・プロモーション費においても明らかであるが、マーケティングの手法を見直して、実体のある価値をブランドを通してどのように提案していくかを考えるべきである。企業にとってのブランドのあり方を考え、長期的なブランド・マネジメントを検討し、将来の望ましいブランド体系を想定し、企業として何が提案できるかを問い直してみるのである。短期的な利益を追求するあまり、ブランドを疲弊させるようなことがあってはならない。優良ブランドは、長年の投資と地道な努力の後に大きな利益を生み出す。実際、市場に導入されてから、60年以上も占有率がトップのブランドも数多い[7]。

　上述のことは、マネジメントの志向についても同様なことがいえる。広告・プロモーション費の考え方がコストから投資発想へと変化し、利益の収穫期間が短期から長期へと変化すれば、ブランド・マネジメント全体の志向も大きく変わると思われる。従来のマーケティング・マネジメントが管理志向であるならば、新しいマネジメントは、短期の収益にとらわれず、企業全体でブランドを通して長期的に検討する戦略志向へと転換していくであろう。

　第4に製品開発・顧客・価格戦略のとらえ方である。景気後退期には消費が低迷したが、その直接の引き金となったのは消費者の意識と購買行動

が変わったことだとの指摘がある[8]。相対的に価格水準の低いプライベート・ブランドがわれわれの消費生活の中に浸透してきたことも関連があるであろう。しかし消費者は価格に厳しくなったのではなく、価値に厳しくなったと思われる。ブランドの意義を資産とするならば、価格を納得できるだけの製品価値が認識されるブランドでなければ購買されなくなったのである。換言すれば、価値を訴求できるブランドでなければ対応できないのである。ブランドを提供する企業は、消費者が納得するに足るだけの価値の裏づけを、消費者が納得するまでの情報として送り続けなくてはならない。情報といっても、製品を通して伝えられることもあるし、広告・プロモーションはいうまでもなく、消費者からの信用を重視する企業にとっては、品質やアフターサービスの充実もその大きな要因である。いずれにしても、それが可能でない企業は、ブランドの価値を維持することはできないのである。

　最後は競争面での貢献である。ブランドの意義からも理解できるように、ブランドの競争面に対するこれまでの貢献は差別化が中心であった。消費

表7-1　マーケティング・マネジメントとブランド・エクイティマネジメントの比較

視　　点	伝統的なマーケティング・マネジメント	ブランド・エクイティを考慮したマーケティング・マネジメント
ブランドの意義	商標	資産
ブランド目標	認知の向上	ロイヤルティの向上
マネジメントの志向	管理的	戦略的
広告費の考え方	コスト	投資
利益回収期間	短期	長期
競争面での貢献	差別化戦略	競争優位戦略（経営資源）
製品開発戦略	タイミング重視	品質第一
顧客戦略	新規開発中心	顧客愛顧中心
価格戦略	価格訴求	価値提供

出所：恩蔵直人（1995）『競争優位のブランド戦略』日本経済新聞社、p.73 を参考に加筆。

者に自社製品を競争相手の製品と識別させ、違いを明確化することにあった。だがブランドを資産とすれば、マーケティング効率を向上させるとともにマージンを高くさせ、競争優位の源泉として機能する。そうすれば差別化であるというとらえ方ではなく、経営資源そのものとしてとらえるべき性格のものである。

　以上、筆者なりにブランド・エクイティを考慮したマネジメントを従来のマーケティング・マネジメントと比較した上で考察してきたが、これらは表7-1のように整理できると思う。

第3節　広告コミュニケーションからとらえた
ブランド・エクイティ

　上述のように、近年よりわが国でもブランド・エクイティ概念についての重要性が認識され、多くのブランド論議がなされている。マーケティング・マネジメントもブランド・エクイティを高める戦略へとシフトされつつあり、広告の役割も従来のものから競争優位性の持続的発展に向けた、長期のブランド育成をいかに成し遂げるかが重要となるのも当然のことである。

　以下ではこうしたブランド・エクイティの概念を広告コミュニケーションの面からとらえ直し、ブランドを育成するにあたって、非常に重要な要因を持つ、ブランド・イメージを中心に、その構築のメカニズムを探り、有効なブランド・イメージ作りにあたっての若干の戦略的示唆をまじえて述べたいと思う。

　ところでブランド・エクイティ概念と広告との関連性において今後、議論されるべき理論的課題として、次の3点が指摘されている。

　①　ブランド・ネームやブランド・イメージのような関連概念に対する
　　　ブランド・エクイティの意義やその類似性を含む基本的問題
　②　しばし、これらブランド概念の一つの尺度として用いられるもので

はあるが、ブランド・エクイティあるいはイメージと知覚品質の間の
関係の問題
③　マネージャーがブランド・イメージに影響を与えようと試みるとき、
広告がブランド価値の構築とコミュニケーションにいかなる影響を与
えることができるかという問題
以上の３点である[9]。

　上記の３点に答えようと試みる場合、ケラー（K. L. Keller）の説が適切
であると思われる。つまり、理論的出発点をなすブランド・エクイティの
定義をより操作化することが必要になるが、財務としてのエクイティでは
なく、顧客への価値向上としてとらえるのである。ケラーは、「顧客ベー
ス・ブランド・エクイティ（customer-basedbrand equity）」において、「ブラ
ンド知識が当該ブランドのマーケティング活動に対する消費者の反応へ与
える差別的効果」を定義し、ここでのブランド・エクイティとは、「同種
の製品・サービスにおける架空ないしは無名のブランドが行う同等のマー
ケティング・ミックスに対する消費者反応と比較した場合、そのブランド
名が付与しているため生じる消費者反応の差異」をあげている[10]。

　ここでの「消費者反応の差異」をもたらす中核的な知覚、態度、行動要
因は図７-１で示すように、ケラーは「ブランド知識（brand knowledge）」が
その役割を与えると指摘している。消費者が当該ブランドをよく認知して
いるだけにはとどまらず、それは記憶内に好意的かつ強固で、ユニークな
ブランド連想を保持し、さまざまな連想と結び付けられた状態からなるも
のである。

　ブランド知識は、ブランド認知とブランド・イメージという２つの構成
要素の観点から概念規定されている。前者はブランド想起やブランド再認
といった消費者の認知による情報の処理成果と関連し、後者は消費者の記
憶内に保持されている当該ブランドと結びついた連想の集合である。ブラ

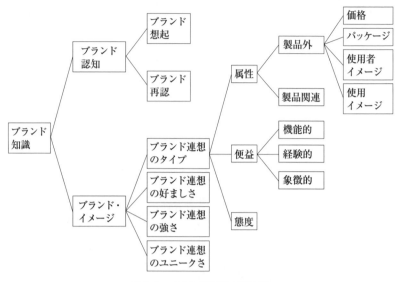

図7-1　ブランド知識の諸次元

出所：Keller, K. L.（1991）*"Conceptualizing, Measuring and Managing Customer Based Brand Equity,"* Working Paper No.91-123. Marketing Science Institute 青木幸弘訳（1993）「顧客ベース・ブランド・エクイティの概念規定、測定、および管理①～⑤」『流通情報』（9月号）流通経済研究所、p.27。

ンド・マーケティングが成功するか否かは、消費者の記憶内にあるこのブランド知識に依存する。逆にブランド知識は各種のマーケティング努力によって形成しうる[11]。

　広告は、ブランド認知とブランド・イメージの浸透の2つの目的に対して強力な手段として用いられてきたわけだが、ブランド・イメージについてはあまり論議がなされずにきているように思われる。ブランドの意義や主張が曖昧なまま、きわめて感覚的な広告表現イメージのみにとどまり、結果としてブランド連想や知覚品質を構築できないでいるのは、こうした分析の欠如が要因と思われる。広告コミュニケーションからブランドを見るとき、ブランド認知、ブランド連想、知覚品質が線で結ばれながら、イ

メージが構築されなければならない。そしてこの線を強固に結びつけるのが今後の広告の重要な役割だと思われる。

　たとえば、ソニーの「It's a Sony」やマクドナルドのゴールデンアーチといったブランドのロゴマークやシンボルは、イメージを構築するための一つの方法である[12]。消費者が製品ではなく、ブランドを購入しているというのは単なる財・サービスではなく、ブランド全体の持つイメージ（たとえば、安心性や優越性）を消費していることを意味する[13]。長期にわたって蓄積されたブランド・イメージこそが広告コミュニケーションとしてのブランド・エクイティといえるのではないだろうか。

　上述のように、すでに企業が長い歴史を経て、さらに、それが消費者に対して高水準と認識されている広告コミュニケーション活動の展開によって良好な企業イメージを確立させているとき、当該企業はそうした企業イメージを連想の手掛かりとしてブランド名を想起させ、良好な企業イメージをブランド認知と重複させることによって、強固で好意的な記憶という形でブランド知識を容易に、効率的に形成できるだけでなく、消費者からの積極的なブランド知識形成のための自発的な学習を促進することもできるであろう。

　そうした企業イメージに代わって、もちろん良好で確固としたブランド認知と知識、さらには豊かなブランド連想が機軸となって、新たに市場導入されるブランドの認知と知識と連想の形成を促進していくことが可能である。こうした場合にブランドとしての新規性をいかに印象的に伝達していけるかが問題であるとしても、長期にわたって成功をおさめているブランドの拡張という形での新ブランドの広告は、本来的に高いコミュニケーション効率性が約束されるものと見ることができよう。

第4節　企業にとってブランドを拡張することの意義と目的

　製品にはライフサイクルがあり、ほとんどの場合、衰退期が到来するがブランドは企業の主体的な意志と適切な戦略により維持あるいは拡張し、ロングセラー化することが可能である。実際に売れるかどうかわからない新製品に多額の開発費や広告費をかけて市場に導入するよりも、すでに浸透している製品を活性化させた方が企業にとってリスクが少ない場合もある。たとえば、携帯電話はカメラなどの新機能を追加することで絶えざる技術革新を続けている。自動車や家電製品も確立された同一ブランド名の下でモデル・チェンジ政策を行い、製品ラインを拡張している状況にある。また、食品の領域では顧客の嗜好の変化に合わせて味や成分、および量を変えている。健康ブームにおける低カロリーや糖分を控えた食品はその好例であり、新しいパッケージに変更して時代のニーズに合わせている。

　ロングセラー・ブランドと呼ばれる製品はこのような戦略の成功によって成り立っている。当然、顧客とのコミュニケーションの方法も変更させる必要がある。製品の異なった使用機会を提案するなどして、新たな顧客層を獲得し、衰退期の到来を防ぐのである。すでに顧客に認められ市場に浸透しているブランドは、エクイティが確立しているために、企業にとって大きな資産である。その核となるブランドをテコにしてブランド・マーケティングが遂行されている。

　上述のごとく、ブランドが企業にとって価値ある資産であることが認識されるにつれ、多数の企業が自社の育成したブランド・ネームをもとに多数の新製品を市場に導入している。すなわち、資産となったブランドを活用することがブランド・マーケティングの主流となっている。当該ブランドをロングセラー化するために、さまざまなブランド拡張が存在するが、この場では、代表的な2つの戦略を以下に整理しておきたい[14]。

(1) ブランド拡張戦略

一般的に、「企業が新製品導入の際に、すでに確立しているブランド・ネームを用いる」戦略をブランド拡張戦略という。その中で、「親ブランドと同一製品カテゴリー内で、新しい市場セグメントをターゲットとして新製品をブランド化する際に親ブランドを用いる」ことをライン拡張という。食品における異なる成分や味覚、あるいは異なる形状やサイズ等を導入して、親ブランドのネーミングを利用する戦略がそれにあたる。

(2) カテゴリー拡張

これに対して、「異なる製品カテゴリーへ参入する際に、親ブランドを用いる」という戦略をカテゴリー拡張という。たとえば、有名自動車メーカーが自転車部門に参入したり、高級アパレルメーカーがアクセサリー部門へ参入するなどが典型的な例であるといえる。

このように、ブランド・マーケティングにおいてブランド・エクイティの概念は戦略上、重要な要素であるが、その後、アーカー（D. A. Arker）はブランドの価値提案と信頼性をもとに、ブランドと顧客の間の関係性を構築するブランド・アイデンティティの概念を提唱している。そのコンセプトは「ブランド・アイデンティティは、ブランド戦略策定者が創造したり維持したいと思うブランド連想のユニークな集合である。この連想はブランドが何を表しているのかを示し、また組織の構成員が顧客に与える約束を意味する」。また、「ブランド・アイデンティティは機能的便益、情緒的便益、自己表現的便益を含む価値提案を行うことによって、ブランドと顧客との関係を確立するのに役立たなくてはならない」としている[15]。

したがって、ブランド・アイデンティティはあくまでもブランドを提供する企業が追求する概念である。ブランド・アイデンティティはその確立の方向が不鮮明であると明快なブランド・イメージを顧客が認識することができない。なぜなら、上述したようにブランドとは、顧客にとっては、

製品を特定の売り手が提供しているものと認識させる意義を担うのであるから、どのようなイメージを受けるかに、その本質が問われる。そして、アイデンティティとして、製品の品質はもとより、提供者の自信と責任の表明をブランドによって示さなくてはならない。換言すれば、ブランドを通してのコミュニケーションの課題は、どのような価値を提供する売り手かを顧客に認知してもらうことにある。認知を目的とするには、単なる企業名やブランド名の認知とは異なり、長期間にわたって関係構築が企業と顧客の中で成立しないと不可能となる。

　逆に明確なブランド・アイデンティティが確立できれば、企業が必要としている顧客はどのような人々かを深く絞れることになる。価値を提案するわけであるから、共鳴を受けない消費者や他のブランドへスイッチをする顧客も当然、現れる。ブランド・マーケティングにおける顧客の想定は、既存のマーケティング・マネジメントのようにマスを対象に新規顧客を開拓するものではない。企業と顧客が相互にブランド・アイデンティティを理解できるかにかかっている。したがって、企業から立案されたブランド・アイデンティティが相互に顧客というフィルターを通して、ブランドが確

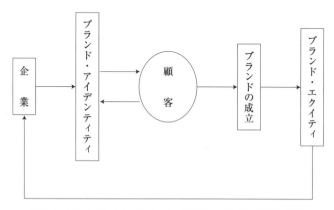

図7-2　ブランド・マーケティングにおける企業と顧客の関係

立され、結果的にブランド・エクイティがもたらされるということになる。ブランド・マーケティングにおける企業と顧客の関係概念図を図7-2に示す。

　そして、言及するまでもなく、企業の価値としてブランド・エクイティの概念があり、当該ブランドを所有する企業は他社に比べて効率的にマーケティング戦略を展開できたのである。これに対して、顧客の価値としてブランド・アイデンティティがあるということになる。なぜなら、ブランドを立案する側が、顧客に対して当該ブランドの方向性や機能的便益性や情緒的便益性を訴えることにより、その価値を提案し、ブランドと顧客の関係を構築しようと試みる概念だからである。したがって、ブランド・マーケティングにおける顧客との相互的な関係構築はブランド・アイデンティティが確立されて初めて可能となる。

注

1）その他の例として、超高級ブランド、ルイ・ヴィトンは価格破壊がいわれた1992年に過去最高の売上を記録している。詳細は、日経広告研究所編（1995）pp.363-385 を参照。
2）特にブランドを選択する際の消費者行動研究は数が多い。たとえば、日本生産性本部（1981年2月）pp.G1-G24 や、八巻・天津（1992）pp.216-220 を参照。
3）佐川（1992）pp.109-163 参照。
4）ブランドの意義の変遷は、Stobart（1994）岡田訳（1996）pp.1-45 を参考にした。
5）電通の「平成四年の広告費」のデータによると、この年を期に、広告費削減の事実が交際費、交通費の他の経費とともに端的に示されている。これによると日本の総広告費は、1965年以来、27年ぶりのマイナスとなった。詳細は、電通マーケティング統括局情報センター編（1993）『平成四年日本の広告費』電通、を参照。さらに、電通は2008年2月に「2007年（平成19年）日本の広告費」を発表した。これによると、媒体別に見て、「新聞広告費」（前年比94.8％）が大きく減少し、「テレビ広告費」（同99.1％）も減少して、「マスコミ四媒体広告費」（同97.4％）は3年連続減少した事実を伝えている。詳しくは、電通『日本の広告費　1985年～

2007 年の時系列データによるグラフ』（2019 年 9 月 1 日アクセスを参照）
http://www.mars.dti.ne.jp/~hagi/ref/20080310_ad_revenue_trend_
1985-2007.htm

6）嶋口（1995）p.30

7）小川（2003）pp.77-82 を参照。

8）星野・川上（1995）p.41

9）Kirmani and Zeithaml（1993）p.143

10）Keller（1991）青木訳（1993）p.40

11）Keller *op. cit.,* 同前訳書、p.43

12）Stobart, *op. cit.,* 同前訳書、p.10

13）消費者が持つブランドに対するイメージとして、研究者によりさまざまな概念があげられている。この他に、自己表現性、リスク回避性、社会同調性、情緒集約性等がそれにあたる。詳細は、Grep Franzen（1995）*"Advertising Effectiveness"* The English Agency（Japan）Ltd. 八巻俊雄・嶋田和恵・丸岡吉人訳（1996）pp.198-214。あるいは、鳥居（1996）p.83 を参照。

14）2 つの拡張戦略に関しては、Keller（1998）恩蔵・亀井訳（2000）p.516 を参照。

15）Arker（1996）陶山・小林・梅本・石垣訳（1997）p.86

参考文献

青木幸広・陶山計介・中田善啓編（1996）『戦略的ブランド管理の展開』中央経済社

雨宮史卓（1997）「ブランド・エクイティの構築と広告に関する一考察」『商学論叢』（第 22 号）日本大学大学院商学研究科

雨宮史卓（2001a）「産業構造の変化とブランド概念の進展」『マーケティング流通戦略』白桃書房

雨宮史卓（2001b）「ブランドの価値と創造的可能性」『マーケティング・ソリューション』白桃書房

雨宮史卓（2005）「パワーとブランド」『マーケティング論概説』記録舎

雨宮史卓（2008）「消費者の購買行動の変化とブランド・マーケティング」『コミュニケーション・マーケティング』白桃書房

雨宮史卓（2009）『ブランド・コミュニケーションと広告』八千代出版

小川孔輔（2003）『ブランド戦略の実際』日本経済新聞社

恩蔵直人（1995）『競争優位のブランド戦略』日本経済新聞社

嶋口充輝（1995）『顧客満足型マーケティングの構図』有斐閣

佐川幸三郎（1992）『新しいマーケティングの実際』プレジデント社

電通（2008）『日本の広告費　1985年～2007年の時系列データによるグラフ』（2019年9月1日アクセスを参照）http://www.mars.dti.ne.jp/~hagi/ref/20080310_ad_revenue_trend_1985-2007.htm

電通マーケティング統括局情報センター編（1993）『平成四年日本の広告費』電通

鳥居直隆（1996）『ブランド・マーケティング』ダイヤモンド社

日経広告研究所編（1995）『広告に携わる人の総合講座』（平成7年版）日本経済新聞社

日本生産性本部（1981年2月）「カセットテープ市場のブランド・ロイヤルティ研究」『グループ研究報告書』

星野匡・川上育子（1995）『成功するブランド・マーケティング』日本経済新聞社

八巻俊雄・天津日呂美（1992）『広告表現の科学』日経広告研究所

D. A. Arker（1991）*Managing Brand Equity: Capitalizing on the Value of a Brand name* 陶山計介・中田善啓・小林哲訳（1994）『ブランド・エクイティ戦略』ダイヤモンド社

D. A. Arker（1996）*Building Strong Brand* 陶山計介・小林哲・梅本春夫・石垣智徳訳（1997）『ブランド優位の戦略』ダイヤモンド社

Grep Franzen（1995）*"Advertising Effectiveness,"* The English Agency（Japan）Ltd.

Kevin Lane Keller（1991）*"Conceptualizing, Measuring, and Managing Customer Based Brand Equity,"* Working Paper No.91-123, Marketing Science Institute 青木幸弘訳（1993）「顧客ベース・ブランド・エクイティの概念規定、測定、および管理①～⑤」『流通情報』（9月号）流通経済研究所

Kevin Lane Keller（1998）*"Strategic Brand Management"* 恩蔵直人・亀井昭宏訳（2000）『戦略的ブランド・マネジメント』東急エージェンシー出版部

Kirmani, A. and V. Zeithaml（1993）*"Advertising, Perceived Quality, and Brand Image,"* in D. A. Arker and A. L. Biel（ed.）, *Brand Equity & Advertising: Advertising's Role in Building Strong Brands,* Lawrence Erlbaum Associates, Publishers.

Paul Stobart（1994）Brand Power 岡田依里訳（1996）『ブランド・パワー―最強の国際商標―』日本経済評論社

第8章

製品ライフサイクルと
ブランド・ライフサイクル

第1節　製品の基本的概念と類型

1　製品の基本的概念

　製品計画がなされ、ヒット商品へと導くために、製品戦略は欠くことが
できない。消費者が製品を求める際には、単にその物理的な構造物を購入
しているわけではない。製品にとって、その基本機能が果たす効用やベネ
フィットだけではなく、そのブランドやスタイル・デザイン等がもたらす
イメージさえも重要な要素である。したがって、情報化社会において、多
彩なニーズを持つ豊かな消費者の発想をいかに反映させた製品を開発して
いくかが企業にとって大きな課題となる。

　本章では、企業が競争相手の製品に対して、いかに自社の製品に独自の
特徴を持たせ、消費者にそれを認識させ、市場の確保、拡大を目指してい
るのかという戦略を製品ライフサイクルとブランド・ライフサイクルの概
念を比較しながら考察する。まずは、製品の基本的な概念を検討する。

　製品とは、消費者が購入することによってニーズを満たすものであり、
企業にとっては利益を生み出してくれるものである。消費者から支持され
る製品、つまりヒット商品を開発するためには、消費者の多彩なニーズを
いかに製品戦略に反映させるかが、重要なテーマとなる。製品は基本的機
能だけ備わっていればよいわけではない。むしろ、企業はいかに競合製品

と差別化をはかるかという付加機能で勝負しているといっても過言ではなく、マーケティング力が発揮されるのは、スタイル・デザイン、ブランド名などの製品の物理的機能に関係ない製品イメージの領域である。このことは、第6章第1節-1における「製品＝基本機能＋付加機能」の公式が成立するという検討でも明白である。また、コトラー（P. Kotler）も「製品は、ニーズとウォンツを満足させるため、注目、取得、使用、消費を目的として市場に提供されるもの」[1]と定義している。

　したがって、企業側だけの立場では最終的に消費されることを目的としているが、消費者は製品自体を消費して使用することを望んでいるのではない。製品を取得することによって、基本機能に付随しているさまざまな役割や便益性（製品ベネフィット）を求めているのである。このことを考慮すると製品とは、消費者のニーズやウォンツを満たすことを前提として市場に導入されなければ成立しないといえる。

2　製品の類型

　製品は、さまざまな特徴や物理的特性を持ち合わせている。そのため、マーケティングの実務上では次の3つによって分類され戦略の方法も変わってくる。

(1) 物理的特性による分類

　①　耐久財　　比較的長期間にわたり使用できる製品である。例としては家具、家電製品、自家用車、寝具等があげられる。何回も買い替えをするものではないので、その品質保証やアフターサービス、配送サービスなどが重要となる。耐久財は比較的高価格のものが多いため、購入されたときの利益率は高いが、企業にとっての利益の回収期間・頻度を念頭に置くと、後述の非耐久財と比較すると短く少ない。そのため、家電製品や時計などは製品価格にいくらかプラスすると保証期間が長くなるシステムを導入している。また、輸入車などは購入価格が国産の車と比べて大差がなく

ても、車検のときに付加されるメンテナンス料金などが高額になる場合がある。したがって、購入時の価格よりも当該車種を使用する期間に維持費を含めての支出額を検討する必要がある。

　②　**非耐久財**　　食料、洗剤、石鹸、文具品などの日用品がそれにあたる。使用期間が比較的短く、何度も買い替えをするものであるから、店頭シェアを確保し、常に消費者の手元に置いておく必要がある。つまり、スーパーマーケットやコンビニエンスストア等、日常誰しもが立ち寄る店舗に陳列する必要がある。また、恒常的な需要のある製品群なので、使用者にリピーターとなってもらい、企業は自社ブランドを指名購入されることを目的とした継続的な広告・プロモーション戦略が重要となる。価格の面では耐久財と対照的に低価格で販売することが多く、大量に販売して利益をあげるような価格設定がなされる。

　③　**サービス**　　交通手段、医療、運送、レストラン、ホテル等、無形で取引されるために、一旦消費されると返品や修正ができない。なお、サービスの特徴については第5章で詳細に述べているので、そちらを参照されたい。

(2) 使用目的による分類

　①　**消費財**　　一般の個人消費を目的に売買される製品を指す。消費者は必ずしも当該の製品・サービスに深い知識を持ち合わせているわけではないので、ブランドが持っているイメージが重要となる。不特定多数を相手にするので、マス・マーケティングが重要である。

　②　**生産財**　　生産者が顧客に提供する製品やサービスを創造するために購入する製品を指す。工作機械やフォークリフトがわかりやすい例であろう。フォークリフトはビルや建物を作り上げるために使用する製品であり、個人の目的で消費者が購入する製品ではない。

　同じ製品でも使用目的によって、消費財にも生産財にもなりうる点に注意が必要である。たとえば、シャンプーという製品を個人の目的で消費し

たら、それは消費財になるが、美容室がシャンプーをまとめて購入した場合、それは顧客に洗髪する目的で購入されるので生産財となろう。いずれにせよ、購買先が専門知識を持っているので、マス・マーケティングの対象になりにくい。そのため、信頼性を基盤とした、メンテナンス・サービスや品質保証が重要となる。

また、本来は生産財であるが流通を限定することによって消費財に見立てて希少性や高級性を出す戦略も見受けられる。たとえば、有名美容室で使用されているシャンプーやヘアケア剤は生産財であるが、当該美容室の顧客だけに販売したり、一般のドラッグストアでは購入できないが、専門店では購入できる場合がある。消費財とは異なり流通をある程度限定し、特定の人しか手に入らない状況を作れば、希少性が出て一般の消費財の価格競争に巻き込まれない場合がある。

(3) 消費者の購買行動による分類

生産財以外の製品は消費財になるので、これらを4つに分類する。なぜなら、一口に消費財といっても数えきれなく存在するのが現状であるため、それぞれの特徴に見合ったマーケティング戦略が必要である。

① **最寄り品**　消費者が計画的に購入しようとしない製品である。例としては、タバコ、コーヒー等の嗜好品や雑誌、インスタント食品があげられる。頻繁に購買する製品であるが、計画的に購入される製品ではないので、消費者自身、当該の製品がなくなってから初めて店舗へ向かうので、常にどこでも買えるような状況下になくてはならない。すなわち、コンビニエンスストア、スーパーマーケット、駅の売店等、消費者の手元に置いておく流通戦略が重要である。

② **買回り品**　消費者が製品の品質や機能、デザインを複数のメーカーの中から比較検討して購入される製品である。家電製品、家具、衣料品などがそれにあたる。したがって、価格と品質のバランスが重要で、ブランド名を消費者に認知させることが課題となる。たとえば、家電製品を購入

しようとしている消費者は、家電小売店が多数存在する商業集積地へ出向いて、価格、品質、ブランドといった3つの要素を比較検討して製品を選択することになる。

③　**専門品**　購入しようとする人たちの趣味・嗜好、知識、およびそのブランドに対する情報などが大きく反映される製品である。宝飾品、高級自家用車、高級ワインなどがそれにあたる。製品単価は高く、最寄り品とは対照的に店舗数も限られている。しかし、そのことでかえって希少性が増し、購買者は計画的にその製品を求めて、どこへでも出向く傾向がある。専門品として当該の企業が競争優位を得るためには、品質はもちろんブランド力を確立することが条件となる。

④　**非探索製品**　消費者にはあまり知られていなく、情報も少ない商品である。供給者側から積極的に働きかけなければ購入を計画されることがない。生命保険や健康器具がその典型であり、直接、消費者側へ訪問することが中心となるが、最近では通信販売に頼るケースもある。

第2節　製品ライフサイクルと　　ブランド・ライフサイクルの比較

1　製品ライフサイクルとその各段階の戦略

人間の一生に寿命があるように製品にも寿命がある。この寿命とは、ある製品の市場における売上や利益がいつまで継続するかというビジネス上のことである。そのような製品の一生の変遷を一般的に製品ライフサイクル（product life cycle：PLC）という [2]。ライフサイクルを考察することは、製品戦略を行う際に大きな意味がある。当該製品のライフサイクルがどのようになるかを予測することで、その製品の特徴が明確になり、他企業との競争にも大いに役に立つ。売上高の時間推移や競争状態の違いに基づき、①導入期、②成長期、③成熟期、④衰退期の4つの段階に分けて考えるこ

とができる。

(1) 導 入 期

製品が初めて市場に導入された段階である。通常、いかなる製品も消費者には認知されていない時期なので、売上高は低い状態である。メーカーとしては製品ブランド名、製品機能等に対しての消費者認知度を高めるために、広告活動やサンプリングを行う。このようなコストや研究開発費がかかるために、この段階では利益はほとんど発生せず、いわば先行投資の時期である。

そのため、積極的なプロモーション活動を行って、新製品の存在、製品用途、利点などを潜在顧客に情報として与えることと、適切な価格設定が今後の当該新製品の将来を担うことになる。

(2) 成 長 期

導入期の広告効果が現れ、製品の認知度が高くなり、チャネル体制も整うので、製品が消費者に行き渡る。したがって、評価が高まるので売上高が急速に上昇する。また、製造段階において操業効率が高まり、製造コストが低下した結果、利益率も上昇する。

しかしながら、当該製品の市場の可能性を見込んで競合企業が参入してくる時期でもある。特に、先発企業の製品がヒットすると後発企業の参入が相次ぎ、競争が激しくなってくる時期でもある。後発企業は、先発企業が多大なプロモーション・コストにより当該製品の存在や用途を顧客に認知させているために、プロモーション・コストを先発企業よりもあまり投入しないで、参入に成功する場合もある。したがって、自社製品の指名買いを促進できるようなプロモーション活動や新市場の探索が必要となり、競争企業に対して確固たるポジショニング優位の確立を目指す。

(3) 成 熟 期

当該製品がある程度市場に行き渡ると、需要が飽和状態に達し、売上高自体は高いものの、伸び率が鈍化する段階に入る。競合企業との価格競争

が激しくなり、企業の利幅は薄くなる。この時期は製品をリニューアルしたり、買い換え需要をターゲットにするなど新市場を模索する必要がある。

　さらに、製品の本来の機能ではない付加機能で競争する場合もある。たとえば、携帯電話の基本的機能は相手と通話をするというコミュニケーション機能であったが、競争が激しくなると、メール機能、カメラ機能を導入し、さらにインターネットを検索できたり音楽を鑑賞できたりと、本来の機能以上のものが付加されている。近年では、携帯電話からスマート・フォンを使用する人々が多くなり、通話機能以外の価値で競争している状況である。また、車を例にとれば、車の基本的機能は「人や物を運ぶ」というものである。しかし、その機能はもはや当然であり、現代の市場では「ハイブリッドの車だから燃費が良い」「障害物をセンサーが感知する」「車庫入れが容易にできる」など、車の本来の機能以外での競争が続いている。

　また、製品とは異なるが小売業態にもこのライフサイクルはあてはまる。たとえばコンビニエンスストアが好例である。コンビニエンスストアとは本来、「アメリカから導入された新しい小売業態の一つで、消費者への便宜性を重視し、住宅地に至近な立地、最寄品を中心とした日用品の幅広い品揃え、長時間営業、親密な接客応対」3) などが特徴である。しかし、多数の企業が先発の「セブン・イレブン」に続き参入すると、日用品の品揃えにとどまらず、銀行 ATM 機の導入、宅配サービス、公共料金の支払い、チケットの予約等の多岐にわたるサービスを行っている。

(4) 衰　退　期

　製品のニーズがなくなり、売上高も利益も急激に下降線をたどる段階である。市場が冷え込むわけであるから、常に市場からの撤退と新製品開発を視野に入れながら、マーケティング活動を進めていく必要がある。

　また、同じ製品用途の代替製品が市場に導入されたことが原因で、衰退する可能性もある。たとえば、レコードはその典型である。レコードの製品用途とは、「音楽を鑑賞する」ことがその中心であるが、カセット・テー

プ、CD、MD、MP3といった同じ製品用途のものが次々登場し、すでに衰退期にある。今やレコードは、一部の人に対するニッチなマーケットとなっている。さらに、上述の携帯電話の普及率上昇により、家庭での固定電話は衰退期に突入しているといえる。なぜなら、携帯電話も固定電話も本来の用途は通話をすることであり、通勤や通学のために一人暮らしを始める人の固定電話設置率は年々、低くなっている。

　マーケティング上ではこれら4つの段階に応じた政策をとることになる。ライフサイクルは基本的に図8-1のような曲線を導入期から衰退期まで描くことになる。ライフサイクルの一生は製品やサービスの種類によって、その周期は当然、異なる。何十年というロングセラー商品もあれば、数ヶ月という短いものもある。たとえば、車と同じ製品用途のもので過去の製品は「人力車」である。人力車は一部の観光地において街中を周遊するのに根強い人気を誇っているが、市場に投下されている数からいえば確実に衰退期にある製品である。したがって、車が自家用車として大衆化されて市場に導入されてから成熟期に至るまでに100年以上の歳月が経過している。それに対して、音楽を鑑賞する製品用途の製品は、レコード、カセット・テープ、CD、MDなどは短期間で代替製品が市場に導入されている

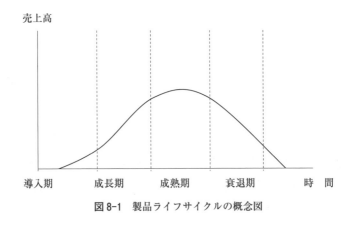

図8-1　製品ライフサイクルの概念図

ことになる。さらに、すべての製品が、全段階を通過するとは限らない。製品によっては、市場導入後、わずかの期間で市場から姿を消すものもある。ブーム商品といわれるものはその典型であり、ロングセラーになるためのプロモーション戦略が必要になる。いずれにしても、メーカーである企業は製品の衰退とともに企業自身も衰退とならないように、自社製品がライフサイクル上でどの段階にあるのか、同一製品用途の可能性があるかなどを常にリサーチした上でマーケティング戦略を立案すべきである。

2　ブランド・ライフサイクルのとらえ方

　ところで、現在、日本市場に存在する多くの製品が成熟期にあるといえる。多くの家電製品は、モデル・チェンジや新機能やデザインの付加で買い替え需要の促進に励んでいるし、日常、頻繁に買い足される洗剤でさえも、コンパクト化や洗濯機自体の機能の進歩に合わせた新しいタイプのものを導入している。また、モバイルオーディオにおけるウォークマンはカセット・テープから、CD、MD、MP3 といった用途は同じでありながら、新たなラインが時代のニーズに合わせて導入され、主導のラインが転換しながら多様化をはかっている。

　このように意図的に企業が消費者に対し、既存製品を陳腐で古いものと意識させ、新たな製品の買い替えを促す戦略を「計画的陳腐化」と呼んでいる。この戦略には技術革新により新機能を追加して機能面を陳腐化させるものと、スタイル、デザインおよびパッケージ等を陳腐化させるものなどがある。前者の例としては AV 関連機器やパソコン市場が好例であり、後者の例としては、家電製品や車の市場がそれにあたる。スタイルやデザインの面から陳腐化を試みると結果的にセカンド・マーケット（中古市場）を育成することにもなる。輸入車ディーラーの認定中古車市場や、近年、繁栄してきた高級衣服のリサイクル・ショップはこういった戦略のためである。

実際に売れるかどうかはわからない新製品に多額の開発費や広告費をかけて市場に導入するよりも、すでに浸透している製品ブランドを活性化させた方が企業にとってリスクが少ない場合もある。換言すれば、確立された同一ブランド名の下でモデル・チェンジや製品ラインを拡張することで多様化をはかり、ブランドをロングセラー化することでライフサイクルを延長（エクステンション）することができる。したがって、この考えが成功すれば、成熟期の段階で新たなサイクルが登場することになる（図8-2参照）。上述のように製品ライフサイクルには衰退期がやってくるが、メーカーの主体的な意思と適切な戦略があればブランドを維持拡大し、ロングセラー化が可能となり衰退期の到来を防ぐことができる。このように、新たな製品投入には多くのコストがかかるため、メーカーとしては少しでもリスクを避けるため、既成の製品ブランドのライフサイクルを延長しようと試みる。これをライフサイクル・エクステンションという。このライフサイクル・エクステンションは、ブランド・ライフサイクルを考察する上で重要な要素となる。

　しかし、マーケティング・マネジメントにおけるライフサイクルの考え方は、製品単位とブランド単位を同次元でとらえるのが通常である。その

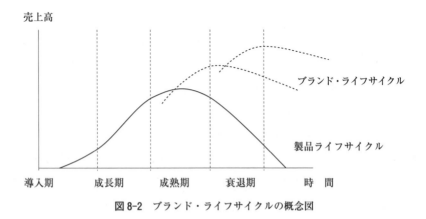

図8-2　ブランド・ライフサイクルの概念図

代表的な議論として、コトラーはすべての製品が、同一のライフサイクルをたどるわけではなく、発売後すぐに消える製品もあれば、長期間成熟段階にとどまる製品もあるとしている。また、製品ライフサイクルの概念は製品クラス、製品フォーム、ブランドに適用することができるとしている[4]。製品は上述の4段階からなるライフサイクルと考えられてはいるが、確かに、技術により製品進化のスピードが速いコンピュータ等の関連市場においては、短期間にライフサイクルが変化するパターンも見受けられる。

　しかし、製品とブランドのライフサイクルは明確に区別する必要があると思われる。なぜなら、成熟・衰退期に入って企業戦略により製品が活性化される場合は、ブランド拡張やポジショニングの変更などによるあくまでブランドの範疇によるものがほとんどだからである。現に、ブランドが企業にとって最も価値ある資産であるということが認識されるにつれ、多くの企業は自社の持つ既存のブランド・ネームの下で多岐にわたる新製品を導入し、その資産を活用するようになってきている。ケラー（K. L. Keller）は企業が新製品を導入する際、ブランド化の方法には次の3つの選択肢があるとしている[5]。

　①　それぞれの新製品に固有の新ブランドを開発する
　②　既存ブランドの一つを何らかの方法で適用する
　③　新ブランドと既存ブランドを組み合わせて使用する

　ケラーの指摘するブランド化の方法からも理解できるように、製品形態は進化を遂げ、使用機会が変更されても同一ブランド内で製品多様化を推進し成功をおさめている場合や、ブランド特有のイメージや名声を利用して新製品を導入しているのが通常である。ケラーの調査によればほとんどの新製品はライン拡張であるとしている。それによると、1990年にアメリカで導入された製品の63%はライン拡張であり、18%はカテゴリー拡張である[6]。このことを考慮すると、製品ライフサイクルの概念とともに、

ブランド・ライフサイクルの概念を新たに創出する必要があるのは明白である。

　新製品を導入することは企業の中・長期的な戦略にとって不可欠である。しかし、当該製品に付与されるブランドはターゲットとする消費者や市場の動向に大きく左右される。したがって、製品ライフサイクルの各段階での戦略がそうであるように、ブランドをロングセラー化するためのライフサイクルも各段階によって異なったマネジメントが必要である。当該ブランドが浸透したら、その受容層を見極めて新たな受容層の発掘や拡大およびブランド拡張の判断を各段階で行うことが必要となる。

　ところで、ブランドのライフサイクルは製品ライフサイクル上の成長期まで同様な曲線を描くことになる。なぜなら、製品がある程度浸透していかないと、ブランドの浸透もありえず、成長期から競合企業による後発ブランドが進出してくるからである。したがって、新製品が受容され認知されるかどうかの時期に、当該ブランドを拡張することはありえない。そして、成熟期においてブランド拡張等の戦略が成功すると新たな曲線が描かれることになり、たとえ製品が衰退を見せても他の製品カテゴリーで同一ブランド名が生き残るのである。換言すれば、浸透した既存ブランドが新市場へブランド・マネジメントの成功により進出する可能性があるのである。以下は製品ライフサイクルの通常のパターンをもとにブランド・ライフサイクルにおける成長・成熟段階の戦略を提示する。

3　ブランド・ライフサイクルにおける成長期・成熟期の戦略

　まず、成長段階では顧客が当該製品の便益を認知するために急激に売上が伸びる段階であり、同時に競合企業が参入してくるために導入期とは異なった目的のプロモーションが必要となる。その目的とは、当該ブランドの特徴を顧客側に認識させ、確固たるブランドのポジショニングを確立することである。ここで重要な要素となるのが、第2章第2節で考察した認

知的不協和の概念である。この理論は、人が意思決定する際、頭の中に起こる不安な気持ちと、それを解消しようとする努力に関するものであった。したがって、顧客が消費行動において意思決定をする際に、当該ブランド選択の正当性を広告に委ねることになる。なぜなら、広告の主な役割は購買行動を喚起させるためのものであるから、不協和を買い手に認識されることは決して謳われていない。そのため、不協和を軽減させるために当該の広告に注目するのである。この段階での受容層はイノベーターの影響を受けた初期採用者であり、比較的規模の大きな顧客層となる。そのために、代替ブランドに対し顧客が選考したブランドに対する不協和を解消することが望まれる。

　ダンカンとモリアルティ（T. Duncan and S. Moriarty）は、あるブランドが顧客を獲得したということは、その顧客の「買ってもよいと思うブランド」のリストに加えられたにすぎないため、顧客を維持するためにこのリストから自社ブランドを消されないように努力しなくてはならないとしている。また、顧客である期間が長いほど、プレミアム価格を支払う可能性があるので、顧客一人あたりの利益は、関係が長いほど大きくなるとしている[7]。したがって、製品の場合と異なり、ここでのプロモーションは新規顧客を相手にするわけではなく、不協和が生じている顧客に対してブランド選考の正当さを提示するのである。プロモーション・コストではあるものの、始動コストとは異なり企業と顧客を結ぶ相互のコミュニケーションが必要となる。

　同時に、製品ライフサイクルではこの成長期に市場での確固たるポジショニング優位の確立を念頭に置かなければならなかったが、ブランド・ライフサイクルにおいては、この段階で顧客の選定が可能となる。この場での顧客とは、自社製品を購入する人々という観点だけでとらえるのではなく、企業の提供するブランドを受け入れ長期的な関係を構築できる人々としてとらえる。すなわち、企業と相互的コミュニケーションを長期継続で

きる対象者として顧客をとらえるのである。当然、企業努力にもかかわらず認知的不協和が解消されずにブランド・スイッチする顧客は当該のブランドのターゲットからは外れることになる。

　既存の研究ではブランド力を構築する方法論に重点が置かれていた。しかし、ブランドとは顧客が多数存在して、初めて相対的なブランド価値が向上する。顧客がブランド価値を認め、長期にわたり購入してこそ企業は安定する。したがって、ブランドを顧客に提供して効率的に売上・利益を拡大するものとしてとらえるのではなく、企業と顧客が共通の価値観を共有する対象としてブランドをとらえるべきである。成長期はブランド選択の正当性を認識させることが当該ブランドのポジショニングを確立し、競合他社との差別性を打ち出す有効な手段であると思われる。

　次に成熟期であるが、当該のブランドが成熟期を迎えるということは、ブランドの価値を顧客が認めていることを意味し、それを所有している企業は競争優位の源泉を得ていることになる。なぜなら、成熟期にある製品カテゴリーの中でも勝ち残っているのは特定のブランドしか存在しないのは周知のごとくである。このことを踏まえて、前章で考察したブランド・エクイティの概念とブランド・アイデンティティの概念に再び注目してみたい。成熟期にあるブランドはブランド・エクイティを構築している証であり、この資産を利用して、ブランド拡張やライン拡張ができるか否かが問題となるからである。したがって、アーカー（D. A. Arker）の議論はこの場でも避けて通ることができないと思われる。

　ブランド・エクイティとブランド・アイデンティティの議論はすでに検討済みなので、この場では割愛するが、ブランド・アイデンティティはあくまでもブランドを提供する企業が追求する概念である。したがって、顧客と企業の相互関係を基盤としたコミュニケーションを確立するためには、ブランド概念の応用なしにはありえない。ブランド・アイデンティティはその確立の方向が不鮮明であると明快なブランド・イメージを顧客が認識

することができない。なぜなら、ブランドとは、顧客に対して、ある製品を特定の売り手が提供しているものと認識させる意義を担うため、どのようなイメージを受けるかにその本質が問われる。換言すれば、企業の課題は、どのような価値を提供する売り手かをブランドを通して顧客に認知してもらうことにある。認知を目的とするには、単なる企業名やブランド名の認知とは異なり、長期間にわたって関係構築が企業と顧客の中で成立しないと不可能となる。

　上述のことを考慮すると、ブランド・アイデンティティは当該ブランドが新製品として新市場に導入される際に顧客に対して立案されるものであるが、成長期において不協和の解消のためにさまざまなコミュニケーションがブランドを通してなされ、その後、アイデンティティが確立されることになる。したがって、ブランド・アイデンティティの本質が問われるのは、成熟期においてであり、コンセプトは変更していく可能性があるのである。すなわち、ブランド・アイデンティティは顧客に対しての立案と確立は分けて考えるべきであり、成熟期において確立されるものであり、ブランド・エクイティの構築とともにアイデンティティが確立されていなければブランド拡張は不可能となる。

　逆にこの段階で、明確なブランド・アイデンティティが確立できれば、たとえ製品が衰退期を迎えていてもブランドとしては、さらに上昇する可能性もある。具体的には、「企業が新製品導入の際に、すでに確立しているブランド・ネームを用いる」ブランド拡張や、「親ブランドと同一製品カテゴリー内で、新しい市場セグメントをターゲットとして新製品をブランド化する際に親ブランドを用いる」ライン拡張がブランド・ライフサイクル上で、より強固な戦略となるのが明確である。さらにつけ加えると、「異なる製品カテゴリーへ参入する際に親ブランドを用いる」カテゴリー拡張も可能となる[8]。いずれの拡張にしても企業と顧客を結ぶブランド・コミュニケーションとしてライフサイクル上で考察しなくてはならない。

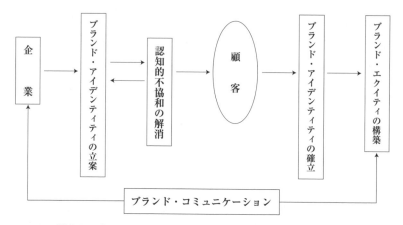

図 8-3　ブランド・ライフサイクル上における企業と顧客の関係

いかに企業と顧客が相互にブランド・アイデンティティを確立していくか
にかかっている。したがって、企業から立案されたブランド・アイデンティ
ティが相互に顧客というフィルターを通して、ブランドが確立され、結果
的にブランド・エクイティがもたらせるということになる。

　このように、ライフサイクルをブランド概念としてとらえると、企業と
顧客は、より長期的に相互関係を樹立できることになる。製品の機能を購
入するのはもとより、ブランドの信頼を同時に購入している図式がロング
セラー化とともに可能となる。ロングセラーは一つの製品カテゴリーにと
どまらず、あらゆるカテゴリーに適切なマネジメントによって可能となる。
なお、ブランド・ライフサイクル上における企業と顧客の関係概念図を図
8-3 に示す。ライフサイクルを考慮すると、前章の図 7-2 に若干の変更が
必要となる。

注

1）Kotler（1991）村田監修（1996）p.412

2）製品ライフサイクルの議論については、Kotler（1984）宮澤・十合・浦郷訳（1990）pp.274-282、および、Kotler（1991）村田監修（1996）pp.312-313 を参考にした。

3）久保村・荒川監修（1997）p.104

4）Kotler & Armstorong（2001）和田監訳（2003）p.422 参照。

5）Keller（1998）恩蔵・亀井訳（2000）p.515

6）Keller（1998）恩蔵・亀井訳（2000）p.515 参照。

7）Duncan and Moriaity（1997）有賀訳（1999）p.68 参照。

8）Keller（1998）恩蔵・亀井訳（2000）p.516 参照。

参考文献

雨宮史卓（2001）「産業構造の変化とブランド概念の進展」『マーケティング流通戦略』白桃書房

雨宮史卓（2001）「ブランドの価値と創造的可能性」『マーケティング・ソリューション』白桃書房

雨宮史卓（2004）「製品戦略」『経営学検定試験公式テキスト④　マーケティング』中央経済社

雨宮史卓（2005）「ホスピタリティ・マネジメントにおけるブランド・ライフサイクル」『HOSPITALITY』（第 12 号）日本ホスピタリティ・マネジメント学会

雨宮史卓（2008）「消費者の購買行動の変化とブランド・マーケティング」『コミュニケーション・マーケティング』白桃書房

雨宮史卓（2009）『ブランド・コミュニケーションと広告』八千代出版

久保村隆祐・荒川祐吉監修（1997）『最新商業辞典』同文舘出版

出牛正芳編著（2004）『マーケティング用語辞典』白桃書房

服部勝人（1996）『ホスピタリティ・マネジメント』丸善

宮澤永光・亀井昭宏監修（2004）『マーケティング辞典』（改訂版）同文舘出版

和田充夫（2002）『ブランド価値共創』同文舘出版

D. A. Arker（1991）*"Managing Brand Equity: Capitalizing on the Value of a Brand name"* 陶山計介・中田善啓・小林哲訳（1994）『ブランド・エクイティ戦略』ダイヤモンド社

D. A. Arker（1996）*"Building Strong Brands"* 陶山計介・小林哲・梅本春夫・石垣智徳訳（1997）『ブランド優位の戦略』ダイヤモンド社

D. A. Arker & Erich Joachimsthaler（2000）*"Brand Leadership"* 阿久津聡訳（2000）『ブランド・リーダーシップ』ダイヤモンド社

Faquhar, P. H.（1989）*"Managing Brand Equity"* 青木幸弘訳（1993）「ブ

ランド・エクイティの管理」『流通情報』流通経済研究所

Jay Curry and Adam Curry（2000）*"The Customer Marketing Method"* 藤枝純教監訳（2001）『カスタマー・マーケティング・メソッド』東洋経済新報社

Kevin Lane Keller（1998）*"Strategic Brand Management"* 恩蔵直人・亀井昭宏訳（2000）『戦略的ブランド・マネジメント』東急エージェンシー出版部

Philip Kotler（1984）*"Marketing Essentials"* 宮澤永光・十合晄・浦郷義郎訳（1990）『マーケティング・エッセンシャルズ』東海大学出版会

Philip Kotler（1991）*"Marketing Management: Analysis, Planning, Implementation and Control"* Prentice Hall 村田昭治監修（1996）『マーケティング・マネジメント』（第7版）プレジデント社

Philip Kotler & Gray Armstorong（2001）*"Principles of Marketing, Ninth Edition"* 和田充夫監訳（2003）『マーケティング原理』（第9版）ダイヤモンド社

Tom Duncan & Sandra Moriaity（1997）*"Driving Brand Value"* 有賀勝訳（1999）『ブランド価値を高める統合型マーケティング戦略』ダイヤモンド社

第 9 章

経験価値とブランド概念

第 1 節　経済価値としての経験価値

1　経済価値の変遷

　第 2 章第 3 節-2 での考察のように、コモディティ化とは、消費者ニーズに適合し高付加価値であった製品の市場価値が低下し、一般的なものとなり価格によってブランドが選択される状態になったことを意味する。製品だけではなく、サービスさえも価格だけで取引が可能な程度に品質・内容が規格化・標準化されてしまえばコモディティ化となる。低価格競争に代表される価格強調型マーケティング戦略はトップ・ブランドに対する一つの対抗策で過去は成功していた。それは、製品やサービスの大量生産がもたらす規模の経済により、価格を引き下げてもそれに見合うコストの削減ができたからである。しかし、今やこのシステムは成長も利益も保証できなくなっているのは周知の事実である。

　パイン（B. J. Pine）とギルモア（J. H. Gilmore）は無形財であるサービスのコモディティ化を重要概念としており、成熟市場の中でサービスが差別化力を失うことによってコモディティ化し、それをさらに差別化しようとすると経験価値の付与ということに行きつくとしている。彼らはコーヒー豆をその例にあげている[1]。

　図 9-1 のようにコーヒー豆は採取されるときには代表的なコモディティ

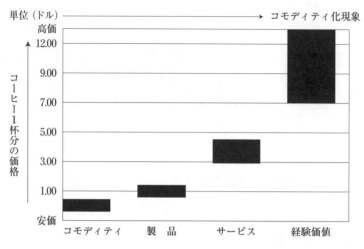

図 9-1　コモディティ（コーヒー）の価格（経済価値別）

出所：B. Joseph Pine II and James H. Gilmore（2005）『経験経済』ダイヤモンド社、p.11 を参考に作成。

製品であり、カップ 1 杯に換算された価格は非常に低価格である。加工業者がその豆を挽いて製品としてパッキングがなされ小売店で販売されると、品種や容量で多少のばらつきはあるものの、図のように 1 杯分の価格が若干上昇する。さらに、同じ豆を使用し、淹れたコーヒーが街角の喫茶店やカフェで提供されると 3〜5 ドルの価格へと上昇する。

　だが、同じコーヒーでも五つ星のレストランやホテルのラウンジで提供された場合、顧客は 7 ドル以上の価格を支払うことになる。一連のサービスが雰囲気や舞台のセットのような空間の中で演出がなされ、コモディティ、製品、サービスに次ぐ第 4 のレベルを実現した企業は、経験という価値を作り出していると提唱している。

　とりわけ、フード・サービスにおいては、この経験価値を見出すことがより可能である 2)。ヨーロッパの高級ブランドに代表されるように製品の場合は、どこの小売店で購入したかということよりも、メーカーがどのブ

ランドかということが消費者の頭の中にイメージとして定着する。したがっ
て、自分の欲するブランドであったら、当該製品をどこの小売店で購入し
たかということは重要ではない。このことは近年、リサイクル・ショップ
の繁栄の一因でもある。しかし、フード・サービスの場合、食品メーカー
や提供されるメニューの製造者は消費者側には意識されず、「あの店のメ
ニューは美味しかった」とか「サービスが上質であった」といったように
ストアのブランド名だけが定着する。食品は製品と同様に有形ではあるが、
売り物が規格化されておらず顧客の要求によってカスタマイズされた無形
の活動であるととらえられるために、食品という製品を上質なサービスで
包んで提供されたものに顧客は評価を下すのである。

　したがって、成熟市場の中で製品・サービスが差別化を失うことによっ
てコモディティ化し、それらをさらに差別化しようとすると経験価値の付
与ということに行きつくことになる。この経験価値とは、まさにインタラ
クティブの概念に当てはめて考察することが可能である。なぜなら、上述
したように、第4のレベルである「経験」は、企業がサービスを舞台に製
品を提供し、顧客を魅了したときに生じる。製品は有形であり、サービス
は無形であるが、経験は思い出に残るという特質を持つ。経験を消費しよ
うとする人は、有形であれ無形であれ、特定のときに企業が提供してくれ
るものに価値を見出しているのである。

　たとえば、ディズニーランドを想定すると理解しやすい[3]。このテーマ・
パークは経験を経済価値として明確に志向してビジネスを展開しているた
め、リピーターが絶えない。子供たちを親がディズニーランドへ連れて行
くのは、そこでのアトラクションやレストランでの食事を楽しむためだけ
ではない。記念に写真に撮り、子供の成長後にその思い出を共有するため
でもある。経験は個人それぞれが感じる感動や喜びといった情緒的なもの
である。そのため、同じ場所に複数の人が存在していたとしても、まった
く同じ経験を得ているとは限らない。個人のそのときどきの気持ちや状況

が提供されるものと相互作用する過程で、一つの経験が生まれてくるのである。

　したがって、企業が提供することに共感し、それにより経験という価値を顧客が見出したときに、インタラクティブ・マーケティングの目的が達成されるのである。そして、企業はマネジメントにおいて経験価値を新たな競争優位の源泉としてとらえる必要がある。これまでのサービス経済のシステムとしては、提供されるサービスに納得して顧客が集まり、対価が支払われるというものであった。しかし、サービスでさえも付加価値が失われ、差別性がなくなるとコモディティ化を余儀なくされる。図9-1における横軸のコモディティ化現象とは、あらゆる製品・サービスにコモディティ化の波が押し寄せる可能性があることを意味する。そのため、機能やサービスの利便性といった価値を超える次元、すなわち経験という価値を体現した製品、サービスの提供へとマネジメントを転換させる必要がある。

　また、コーヒー豆の例で見たように、コモディティから製品、サービス、そして経験へと進化するのが経済価値の本質であるように、各々の経済価値はそもそも根本的なところから他の経済価値とは異なっている（表9-1

表9-1　経済システムの変化

経済価値	コモディティ	製品	サービス	経験
経済システム	農業経済	産業経済	サービス経済	経験経済
経済的機能	抽出	製造	提供	演出
売り場の性質	代替できる	有形性	無形性	思い出に残る
重要な特性	自然	規格	カスタマイズ	個人的
供給方法	大量貯蔵	在庫	オンデマンド	一定期間見せる
売り手	取引業者	メーカー	サービス事業者	ステージャー（キャスト）
買い手	市場	ユーザー	クライアント	ゲスト
需要の源	性質	特徴	便益	感動

出所：B. J. Pine II & J. H. Gilmore（2005）『経験経済』ダイヤモンド社、p.19
　　の一部の項目を変更。

参照)。本質的な違いがあるので、経済価値の段階があがると、その前の段階よりも大きな価値が生み出される。

　先のディズニーランドを例に出せば、ディズニーランドは単なる遊園地でなく、世界初のテーマ・パークである。来場者のことを顧客とか消費者とは呼ばず「ゲスト」と呼ぶ。そこで働く人々は従業員でなく「キャスト」として扱われる[4]。ゲストはアトラクションを楽しむ以上に、そこで展開される物語の世界に入り込む経験を楽しむ。キャストは視覚、聴覚、味覚、臭覚、触覚に訴えかける作品のステージングを通して、一人一人のゲストに固有の経験を創出する。

2　経験価値と４つのＥ

　消費者はコモディティ化により、どれも同じような製品・サービスにしか見えなくなると、価格の安さを基準に商品を購入することが多くなる。企業はこのようなコモディティ化の波から脱却するため顧客を魅了し、思い出に残るような経験を、商品に付与して提供すべきだというのがパインとギルモアの主張である。今後は、新たな経済システムである経験を具体的に提供するための論理が必要になる。前項におけるコーヒー１杯の例では、経済価値がサービスから経験価値に上昇すると、価格も相関して上昇するため、企業は差別性を新たな価値によって見出し、利益率も高くなることが期待できる。論点は、サービスに何を付与すれば経験価値として顧客に認知されるかということである。

　このことについてパインとギルモアは、経験を具体的に提供するための視点として、顧客参加の度合い、および経験との関係性の深さという２軸で整理した４つのＥを提示している。それは、下記の４領域である[5]。

　1　エンタテインメント（娯楽：Entertainment）

　2　エデュケーション（教育：Education）

　3　エスケープ（脱日常：Escape）

4　エステティック（美的：Esthetic）

　これら4E領域のいくつかが組み合わさって、顧客に経験を提供すると
している。したがって、単なる経済のサービス化や情報化を主張するもの
ではない。4Eの提示から理解できるのは、特定の商品の利便性や機能性
を提供するだけにとどまらず、感動や美的な満足の提供を試みるものである。

　先の例でいえば、都心の真中における超高層ホテルの最上階ラウンジで
コーヒーを飲めば、普段の日常生活では味わえない夜景や美しい景観を眺
めながら、1杯のコーヒーに対価を払っていることになる。つまり、顧客
は1杯のコーヒーに加え、脱日常であるエスケープと美的であるエステ
ティックが提供されていることになる。また、ディズニーランドはテーマ・
パークであると同時に、現実と隔絶された非日常的空間であり、「夢の国」
「おとぎの国」という価値を、門をくぐった瞬間に人は体験する。したがっ
て、顧客はエンタテインメントとエスケープが融合した経験を提供されて
いることになる。

　一方、教育産業に目を向けると、18歳の大学への進学率は5割を超え
る時代になり、また、日本の社会状況においては長寿命化が進展し、生き
がいを追求する現代では、生涯学習・教育に関心が寄せられている。その
ため、現在、わが国では、より充実した人生を送ろうと、働きながら、あ
るいは家庭を持ちながら、勉学に励む人々、資格にチャレンジする人が多
数存在する。大学もさまざまなニーズに対応するため、多岐にわたる授業
形態の準備を始めている。たとえば、ビジネスマナー、スキル・語学・教
養・資格などの公開講座を設け、誰でも受講できるようなシステムを構築
している。これらの講座のほとんどは大学のキャンパス内で、通常の授業
がない夜間や土日に行われる。そのため、大学をすでに卒業している社会
人などは、キャンパスライフを満喫できるのと同時に、自分の関心のある
分野の講座を受講することが可能となり、立地の良い大学の公開講座には
多くの受講生が集まる。当然、どんな人でも受講が可能であるからこその

公開講座なので、当該大学の現役の学生も受講が可能である。しかも、受講料は非常に安価であるか、無料の場合もある。しかし、現役の大学生は自身の大学での講座は受講せず、アフタースクールと称して専門学校の講座を受講する場合が多い。資格試験を目的とした講座はそれが顕著である。なぜなら、現役の大学生にとってはキャンパスライフは日常的なことであり、大学の授業の後に専門学校等に通い、他大学の学生や年齢層が異なる社会人と同じ教室で席を並べてこそエスケープとなるのである。したがって、前者・後者ともにエデュケーションを受けているが、エスケープは異なるシチュエーションといえる。当然、教育産業はこの2つの領域を融合してこそ経験を受講生に提供するのである。

このように経験価値とは、4E領域のいくつかが組み合わさって、顧客に経験という価値を提供するのである。したがって、企業は自社の提供する商品が有形であれ無形であれ、4E領域の何を組み合わせるのか、あるいは単独のEでの可能性等を考慮して、経験価値を顧客に提供すべきである。

第2節　総称ブランドと経験価値

1　総称ブランドの役割と機能

上述のごとく、コモディティ化の到来を防ぐために経験価値をいかにマネジメントしていくかが重要な鍵になるのは理解できるが、有形財である製品にも当然、コモディティ化の波は押し寄せてくる。規格化・標準化が行われやすいのは、むしろ有形財の方であり、より深刻である。そのため、この場では、経験価値とは、あくまでも消費者にとっては情緒的なイメージなので、いかにして当該のイメージを企業が提供するブランドに定着させるべきかを検討する。

ところで、ある特定のブランド名を人々が聞いて、好意的なブランド・イメージが形成された場合、高級、安心、信頼、さらには、親しみなどさまざまな要素を想起する。これらの要素はブランド力を構築する上で重要な要素であるのは言及するまでもない。そのため、伝統的なマーケティングの手法により、各企業は製品・サービスの特性や便益性を追求し、これをブランドに反映させて差別化をはかってきた。企業はブランド力を向上させることにより、「①マーケティング効率の向上、②プレミアム価格が設定可能となり大きなマージンを得ることができ、③流通業者の強力が得やすく、④競争優位の源泉となる」[6] といった有効性を得るのである。だからこそ、マーケティング・マネジメントにおけるブランド戦略は重要な役割を担ってきたのである。

　周知のごとく、近年では消費者の価値観が多様化している。そのため、特定のブランド名を見聞きしたときのイメージは受け手によってさまざまであるが、同一の製品・サービスのカテゴリーでは似通ったイメージが形成される。たとえば、あるブランド名から「安い」というイメージを受けたとしたら、買回り品や専門品の場合は「安い＝安っぽい、品質が劣る」と認識される可能性がある。しかし、最寄り品の場合は「安い＝良心的、値頃感」と認識されるであろう。さらに、特定のストア・ブランドに安価というイメージが定着した場合には、「他の店舗よりも安い」という消費者にとってのストア選択の尺度になり、そのイメージが集客力に繋がる。ストア・サービス・カテゴリーでは誰しも安さをプラス・イメージで解釈し、「あの店で購入した製品は安価なのに高品質」といったようにストアのイメージのみが形成され、メーカーのイメージは形成されない。同一メーカーのものであれば、どこのストアに陳列されていても品質は同等と消費者は認識しているのである。近年の、ディスカウント・ストア、リサイクル・ショップ、およびワンコイン・ストアの繁栄はその好例ともいえる。逆に、「高価」であれば、専門品の場合「高級品、輸入品」、さらに「憧

れ」といった情緒的要素も形成される。最寄り品の場合は、「贅沢、無駄遣い」とイメージされる可能性もある。

　また、ブランドに「安心、信頼」という要素は、いかなる製品・サービスのカテゴリーにも欠かせない要素であるが、誰にでも通じる価値である。そのため、この要素だけで競合ブランドとの差別性を打ち出すのが困難であるし、日本市場における企業の安心、信頼の訴求は当然のこととなっている。この要素を維持しつつも、「個人の要求に応じてカスタマイズされたサービス」が欲しいと考える消費者、サービス商品を「愛着またはステータス」という要素で選択する消費者が多いのも現状である。そのため、伝統的なマス・マーケティングの手法を見直す必要がある。マス・マーケティングは市場を単一のものとしてとらえ、製品の大量生産、大量流通、そして多額の広告投資を行い、新製品を次々と開発してきた。そのやり方こそが誰にでも通じる価値やブランド・イメージを創り出しているといえる。戦略の核心が「万人向け」であると、愛着やステータスといった情緒的イメージを消費者に植えつけるのは難しいし、消費行動を喚起するのも困難である。すなわち、製品の品質改良や付加価値により競合企業との差別性を打ち出す努力がなされても、万人向けのイメージがコモディティ化してしまい、消費者にとってどのブランドも似たり寄ったりと思われてしまう。

　そこで、情緒的イメージを定着させるため、近年ではメディア戦略とは異なった形で、人物を「総称ブランド」として創造するプロモーション戦略が無視できなくなっている。この総称ブランドとは、ターゲットとされた個々の受け手に抽象的な人物イメージを与えるために創り出される。

　日本市場においては「セレブ、アスリート」[7] が代表例である。セレブはセレブリティ（celebrity）の略で、元来は著名人や名士を表す用語で特別な権力、財力を持つ人々、あるいはそのグループのリーダーを表現した。日本では、「金持ち」「憧れの人」「優雅な人」、および「知的な人」といった意味合いで解釈され、受け手によりさまざまなイメージを醸し出すが、

欧米にはその名詞自体には金持ち、優雅等の意味はない。一方、アスリート（athlete）は英語で競技者の意味である。しかし、総称ブランドとしては、一流スポーツ選手を示す言葉ではない。プロかアマチュアの区別もなく、オリンピック選手を指すのか、世界選手権の出場選手を指すのかといったレベルの定義もなされていない。2つの用語に共通して考えられることは、意味が曖昧なため、受け手により解釈が拡大され、あくまでも抽象的なイメージでしかないということである。

　また、近年では「美魔女」[8]という用語もマスコミを中心に定着している。これは、ある女性誌が比較的年配の女性であっても、「魔法をかけたように美しい」という意味で提示した造語である。1986年の男女雇用機会均等法の施行により、社会進出をする女性が増加し、当該の女性たちのいつまでも年齢を気にせずいたいという思いが反映して認知された総称ブランドといえる。しかしながら、上述の総称ブランドと同様に、対象者の明確な年齢、および職種等の規定がなく、抽象的で曖昧なイメージを消費者には与える。

　戦略として重要なのは、抽象的イメージであるがゆえに製品・サービスのカテゴリー概念を超えられるということである。当然、日本の場合、誰しもが知る有名タレントや一流スポーツ選手、ジャーナリスト等がプロモーション戦略により「セレブ、アスリート」として広告塔となり、さまざまな製品・サービスを消費者に推奨することになる。しかし、消費者自身は特定の個人にはなれないことに気づいている。すなわち、「憧れの人に少しでも近づける」、および、当該消費者が「目標・理想とするイメージのタイプはこの人だ」ということをプロモーションにより訴えているにすぎない。憧れの人が使用する製品を使い、いつも利用している同等のサービスを消費し、行きつけのお店で購入したいという欲求を消費者に喚起するのである。これは、経験という概念を価値として消費者に提供している。すなわち、企業側は当該消費者が憧れとする人物のブランド経験をイメー

ジさせるコミュニケーションを行うことで、購入意欲を喚起しているのである。広告塔となった人物はさまざまな製品カテゴリーのものを消費するし、高価なサービスを利用することもあれば安くて安心のサービスを推奨する可能性もある。換言すれば、口コミとして消費者にこれらの情報が到達することになる。現に近年では、セレブから派生して「セレブリーナ」[9]という造語までも見受けられる。これは、欧米有名女優等のセレブと総称される人たちのファッションを模倣する人々を指す。しかし、特定のタレントを指定しているわけではなく、特定のブランドや購入すべきストアを規定しているわけでもない。あくまでも、消費者・視聴者としての人々が憧れる人を見つけてからの購買行動となる。

　したがって、総称ブランドはカテゴリー概念の枠を超えて機能するのである。既存のブランド戦略が、「競合企業との差別性」を打ち出すための戦略であったために、カテゴリー概念を超えられなかったことと、大きく変化している。なお、総称ブランドの概念図を図9-2に示す。

　シュミット（B. H. Schumitt）は今日、ブランド化されるのは製品や企業だけではなく、芸術家、ビジネスマン、スポーツ界の有名人といったさま

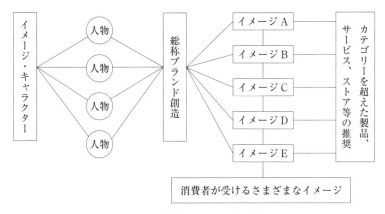

図9-2　総称ブランドの概念図

ざまな個人が、経験価値型ブランディングの手法を補完していると主張し、彼らは自分たちをブランド化し、自分たちの名前を見ただけで、消費者がその作品を買いたいと思うようなさまざまな価値を提供したいという見解も紹介している [10]。シュミットの見解におけるこの場での有名人は、ロジャース（E. M. Rogers）の新製品普及過程の研究における革新的採用者 [11] としてとらえることができるであろうか。顧客を開拓するという観点では、総称ブランドとしての人物と役割は同じである。しかし、彼らは既存のイノベーターやオピニオン・リーダーの研究と同次元で論じるべきではない。なぜなら、ライフサイクル上の導入期に認知度を高め、製品の試用の場を設け、顧客を開拓することに重点が置かれるこの研究は、製品コンセプトに合わせた戦略であるため、同一カテゴリー内でのイノベーターにすぎない。

　インタラクティブ・マーケティングにおいてはカテゴリーの概念を超えて、経験価値をいかにマネジメントさせていくかが鍵になる。なぜなら、経験価値が消費者に感動や共感を与えるのであるなら、情緒性のものが重要となり、製品やブランドの機能や便益性で構成されるものではない。それは、消費者の生活に深く企業側が入り込んだ対話により初めて構成される。後述により、それを検討する。

2　インタラクティブ・マーケティングにおける経験価値の重要性

　既存のマーケティング戦略や広告コミュニケーション論は、ブランド・イメージを定着させることに主眼を置いてきた。つまり、自社ブランドと競合ブランドのイメージに差をつけるための観点だけで考察され、ブランド経験の要素が抜けているのである。そのため、ブランド・イメージさえもコモディティ化してしまうのである。現に、新製品として市場に投入される時点でコモディティとして消費者にとらえられることを企業は想定していない。つまり、それらの多くは連日、マスメディア広告によって当該

のブランド・イメージを定着させようと戦略が練られている。その意味では、明らかに市場導入の時期は、他企業の競合製品と差別化をはかって成立するマーチャンダイズ（merchandise）製品であるのは上述のごとくである。

　また、上述において考察したイメージ定着のための人物は、以前にも広告の中には登場している。たとえば、アメリカのタバコのリーディング・ブランドである「マールボロ」は、永年にわたって放映されたテレビCM、荒野の夕暮れに立つカウボーイ、そして流れる「マールボロ・カントリー」という語りによって、そのブランド・コンセプトを確立した。荒野の夕暮れでのタバコの一服は清涼剤であると同時に、毎日大都会の殺伐とした社会で働く人々にとっての癒しの一服である。その状況をカウボーイという人物像に反映させて、スモーカーたちにイメージさせているのである[12]。しかし、これは消費者に対しブランド・イメージをより強力に定着させ、他の製品との差別性を打ち出すことには成功したが、同一製品のカテゴリーのみに成立する。なぜなら、タバコを好む男性に対しての受容されるイメージ訴求であるため、他の製品カテゴリーには応用が効きにくい。あくまでも「男性的イメージ」の訴求であり、総称ブランドがその役割として担う、イメージの分散がなされない。

　また、誰しもに受容される価値を創造することは、マス・マーケティングの役割であり、インタラクティブ・マーケティングで検討すべきではない。なぜなら、万人向けのイメージ要素を統計的に分析することは、定量的に消費者をとらえるにすぎないからである。ブランド・イメージの核心が「万人向け」であるとすれば、その企業は消費者にとって代替可能となる。すなわち、当該企業が提供するサービスが代替可能ではなく、消費者に与えるブランド・イメージが競争によりコモディティ化している状況になる。逆に、「個人の要求に応じてカスタマイズされたサービス」が欲しいと考える消費者、サービス商品を「愛着またはステータス」という要素で選択する消費者が多いのは上述のごとくである。

この愛着、ステータス等はサービスの質や既存のブランド機能で構成されるものではなく、消費者の生活や経験といった情緒的・経験的な価値がポイントとなると思われる。この価値を消費者に訴求して、定着したブランドが差別優位性を勝ち取ることができるとしたら、いかなる戦略策定が必要であろうか。まず、消費者の生活における当該サービス商品、ブランドの意義を問うことから始めなくてはならない。そのためにはやはり、カテゴリーの概念を除去する必要がある。

　既存のマーケティング戦略におけるカテゴリー・マネジメントは、メーカーと流通業者の協力によって消費者の購買意欲を喚起することに重点が置かれていた。そもそも、カテゴリーの意味自体は、範疇あるいは部類といった意味である。マーケティングの観点からカテゴリーを考察すると、製品というものは個々に独立して市場を形成しているのではなく、いくつかの製品が同時に一つの需要を満たしている場合があり、一つ一つの製品も顧客が何らかの必要性や目的に従って購買されているという分析になる。したがって、カテゴリー・マネジメントとは店頭において、顧客の消費場面の想定から製品をグループ分けし、陳列や管理を行う技法のことであり、小売業が卸売業者やメーカーの協力を受けて、特定カテゴリーの収益を最大化することを目的としている。

　たとえば、ある顧客がパンを購入するのが朝食のためであるなら、同時にバターやジャム、あるいは牛乳やコーヒーが求められるケースが想定できる。また、コンピュータ機器であれば、パソコンにプリンター等のさまざまな周辺機器を隣接して陳列し、関連購買を促すことも可能となる。すなわち単品を重視するのではなく、顧客のニーズに合った製品配置を意識して、カテゴリーとして売れる状態にすることを念頭に置くのである。こういったとらえ方で売り場を構成すれば、適切なタイミングで、適切な場所（売場・棚）に適切な価格で製品を提供することができる。また、顧客側にとっても見やすく、買いやすい売場になるので関連製品の必要性を思

い出し、製品の探索が容易になる。当然、売り手にとっても需要の維持や開拓が期待できるのである。

　しかし、このカテゴリー・マネジメントは消費者の情緒的・経験的な価値を念頭に置いてはいない。あくまでも関連商品群としてカテゴリー分けをして、双方の売上、購買を効率的にしようというものである。

　このことは、製品のカテゴリーとサービスのカテゴリー概念を分けて考えると、理解が容易であると思われる。まず、製品においては上述のように狭義の製品カテゴリー、関連商品群カテゴリーと競争に焦点をあてるのではなく、情緒的・経験的価値を念頭に置くのである。シュミットは次のように提唱している。それは、シャンプー、シェービングクリーム、ドライヤー、香水というように個別の製品群で考えない。その代わり「バスルームの身だしなみ用品」とこれらをとらえ、このような消費状況に適する製品は何か、どうすればこれらの製品、パッケージング、事前に接触する広告が消費経験を強化することができるかを自問するものである[13]。

　また、無形のサービスを例にとれば、上述でも示したディズニーランドが典型であろう。ディズニーランドはオープンさせる際に「娯楽における新しい経験の提供」というコンセプトで価値を表現した。単なる娯楽のためのサービスでは、いずれ競合のテーマ・パークとコモディティ化に陥りかねない。実際、そこで誰しも写真を撮るのはアトラクションを楽しむだけでなく、一緒に時間をすごした家族や友人と思い出を共有するためである。まさに、経験という価値を明確に志向したビジネスを展開しているのである。

　ところが、多くの企業のマーケティング戦略はカテゴリー概念を中心に考察している。市場をセグメンテーション（segmentation）し、消費者をターゲティング（targeting）した上で、自社商品をポジショニング（positioning）するという、いわゆる STP の戦略である[14]。これは伝統的な手法であるが、特定のカテゴリー市場における競争企業を中心に考察されている。換言す

れば、消費者行動や市場の隙間を見極める手法は、あくまでも企業側から見たものであり、情緒的・経験的価値を見出すものではない。実際に当該サービスを自分自身の生活の中において、いかなる意味を持っているかという消費者の観点が抜けている。上述のごとく、消費者の観点はカテゴリー概念を超越したところにある。

したがって、今後はブランド・コミュニケーションの方法も転換を余儀なくされるであろう。大量の広告費を投資し、広範にわたるプロモーション戦略によって、ブランド名を消費者に認知させるだけではブランド力の構築にはならないのである。なぜなら、ブランドが認知され何らかの要素がイメージされたとしても、ブランド・イメージを高めるためには消費者の期待に応えなくてはならない。それを遂行すべき手段は、ブランドを通して経験価値を提供しなくてはならないのである。したがって、今後の企業は、消費者の観点を取り込むためにも、生活経験の中で、消費者にどのような意味づけをするのかを検討するべきであろう。消費者のインタラクティブな関係の中で、初めてそれは見つけ出され、結果として競争上の差別優位性が確保できるのではないだろうか。

3　ニーズの段階と総称ブランドおよび経験価値の関係性

企業と消費者のインタラクティブな関係の中で、情緒的・経験的な価値を見つけなくてはならないのは上述の通りであるが、消費者の根本的なニーズや欲求は何なのかを検討すべきである。確かに、情緒的・経験的価値は製品カテゴリーの枠を超えて総称ブランドが訴求することが有効であるが、消費者が生活の中で「何を求めているのか」「どうありたいと思っているのか」を把握する必要がある。消費者が求めるものがわかれば、それを具体化したものを経験する新たな総称ブランドの創出も可能性が大きくなる。そのために、ニーズに対する既存研究をまずは整理してみたいと思う。コトラーは、ニーズを欲求（ウォンツ）、需要（デマンド）と関連づけて次のよ

うに述べている。

　マーケターは標的市場のニーズ、欲求、需要を理解しようと努めなければならない。ニーズとは人間の基本的要件である。人間は生きるために、食料、空気、衣服、風雨を避ける場所を必要とする。レクリエーション、教育、娯楽のニーズも無視できない。こうしたニーズがそれを満たす特定の物に向けられると欲求になる。アメリカ人にとって食料はニーズだが、欲求はハンバーガー、フライドポテト、ソフトドリンクだ。モーリシャスの人にとっても食料はニーズだが、欲求はマンゴー、米、レンズ豆、空豆である。欲求は人間が暮らしている社会によって決まる。

　需要は特定の製品に対する欲求で、支払い能力に後押しされる。メルセデスベンツを欲しいと思う人は多い。しかし、実際に買うことができて買おうとする人はわずかである。企業は欲しいと思う人だけでなく、買う気があってしかも実際に買うことのできる人がどのくらい存在するかを判断しなければならない。

　こうして区別してみれば、「マーケターは欲しくもないものを人々に買わせる」というよく耳にする批判の正体も明らかになる。マーケターがニーズを作り出すのではない。ニーズはマーケターより先に存在するものである。マーケターは他の社会的影響とともに、欲求へ影響を与えるにすぎない。マーケターは、メルセデスベンツを持てば社会的地位を高められるというニーズが満たされるとの考え方をプロモーションするかもしれないが、社会的地位というニーズを生み出してはいないのである[15]。

　このことを考慮すると、日常生活をする上で、どんな人にも人間の基本的要件があり、商品カテゴリーの選択に関わる要因として欲求があり、ブランド選択に関わる要因として需要が存在することになる。たとえば、気温が高かったり、スポーツの後は誰しも喉が渇き、飲料を必要とする基本的要件がある。しかし、人にはその日の気分や体調はもちろん、各個人の飲み物に対する好みがある。食事と一緒に飲料を必要とすれば、食品の味

を邪魔しないお茶やミネラル・ウォーターを好むであろうし、眠気を覚ますのであればコーヒーや炭酸飲料になる。リフレッシュやストレス解消の一因として飲料を考えるのであればアルコール飲料を求めるであろうし、体調を気遣うのであれば栄養ドリンクを購入するであろう。そして、それぞれの製品カテゴリーにはさまざまな価格帯のブランドが存在する。お茶やコーヒーであれば葉や豆の等級に分かれてブランドが設定されているし、アルコール飲料や栄養ドリンクも品質によりブランドごとの価格帯が異なる。人々は各個人の製品カテゴリーに対する自身の予算、品質を検討した上で適応するブランド購入を決める。これが需要にあたる。

　また、誰しも基本的要件は不変であるが、同一人物、同じ１日であってもシチュエーションによって欲求や需要は変化する可能性がある。たとえば、朝起きて朝食の時間を家族とすごす人は、家族の健康を気遣って野菜ジュースや牛乳を準備しておくであろう。その人が職場での休憩時間には気分転換のためにコーヒーを購入し、仕事の後は同僚とコミュニケーションをとるためにビールを注文するかもしれない。また、お酒の好きな人は家で一人の晩酌をするのが日常的である人もいる。家族の健康を第一に念頭に置くのであれば、飲料にお金の糸目をつけずブランドを選択する可能性が大きいであろうし、日常的な個人のための飲料であるならば節約志向でブランドを選択するであろう。

　このようにニーズである基本的要件は万人に共通する要素であるが、食料、空気、衣服、風雨を避ける場所等、衣食住に関わる、人間が生きるための最低限の要素と、コトラーが主張するようにレクリエーション、教育、娯楽のニーズもあることを忘れてはならない。また、欲求は各個人の好みや気分、さらにはシチュエーションによって変化する製品カテゴリー選択に関わり、カテゴリー選択が決定するとシチュエーションに応じて予算、品質を検討して需要に起因するブランド選択が決まる。これらのことで注意すべきは、基本的要件や欲求・需要は情緒的・経験的価値に基づくもの

が非常に多いということである。レクリエーション、教育、娯楽等は、人々
がこれらを経験してから価値や評価が決まるものであり、人々の好みや気
分、シチュエーションは情緒的要素に基づくものだからである。したがっ
て、総称ブランドの創出を試みる場合、欲求や需要のバランスを考慮しな
がら、ニーズを念頭に検討する必要がある。

　その一つの手かかりになるのが、「ニーズの深層構造理論」16) である。
この理論は、ニーズを「Be」「Do」「Have」の３つの構造に分けたもので
ある。図9-3に示すように、下層が「Have ニーズ」、中層が「Do ニーズ」、
上層が「Be ニーズ」となる。「Have」は所有・購入を意味し、「～を持ち
たい」「～を買いたい」というニーズである。「Do」は行動・行為であり、
「～を行いたい」というニーズである。そして、「Be」は存在や状態を示し、

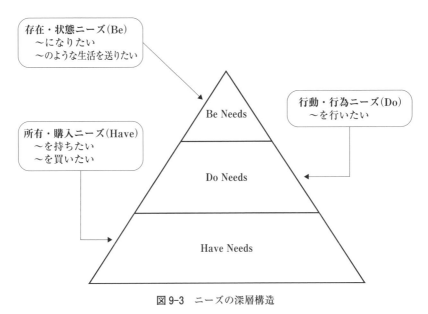

図 9-3　ニーズの深層構造

出所：梅澤伸嘉（2006）『消費者心理のわかる本—マーケティングの成功原則55—』同
　　　文舘出版、p.63 を参考に作成。

「〜になりたい」「〜のような生活を送りたい」といったニーズであり、人々が生活する上で目標となるニーズといえる。ピラミッド型の図になっているため、それぞれの層の面積が異なり、上層になるほど面積が小さくなる。面積の大きさはニーズ実現の可能性を示し、面積が大きいほど実現させることが容易であり、小さいほど困難であることを意味する。面積の一番大きな「Have ニーズ」は、各商品の価格帯の違いはあれど購入しさえすれば手に入れることができるので、消費者の懐具合に依存することが多く実現の可能性が比較的高い。「Do ニーズ」は行動・行為であるため、人が行いたいことを行う時間が必要になる。さらに、何かを行うには第三者の協力が必要になったり行為の場所も必要になる。当然、継続性があることなので「Have ニーズ」よりは困難となる。「Be ニーズ」は人々が生活していく上で目標となるニーズなので、簡単に達成できるものではない。したがって、3構造の中では一番上層にあり、他のニーズと比較し面積が小さくなるのはいうまでもない。

　一方で、人々の目標となる「Be ニーズ」が確定すれば、それに呼応して「Do ニーズ」が定められ、「Have ニーズ」が決まるとされる。たとえば、「Be ニーズ」において人が「グローバルな人物になりたい」と思えば、そのためには「英語を勉強するために英会話教室に通おう」「英語塾に通おう」、あるいは「海外旅行に行こう」という「Do ニーズ」が決まってくる。そして、英語を勉強するためには「辞書や参考書を購入しなくてはならない」という「Have ニーズ」に派生するのである。また、「人生を健康ですごしたい」という「Be ニーズ」であれば、健康を維持するために「スポーツジムに通おう」「ヨガやフィットネスを実践しよう」、あるいは「健康診断を定期的に受けよう」という「Do ニーズ」が沸き、その実践のためには「スポーツウェアやスポーツシューズ」が必要であり、推奨される「食材」や「サプリメント」を購入するのである。

　ここで着目すべきは、総称ブランドがそうであったように、「Be ニーズ」

も非常に抽象的で曖昧であるという点である。たとえば、「グローバルな人物になりたい」と人が思ったとしても、何をもってグローバルなのかが明確ではない。TOEFL や TOEIC で何点以上とれば、あるいは、海外旅行に何回以上行けばグローバルといえるのか、数値的な目標は定められようがない。同様に、「人生を健康ですごしたい」と思っても、何をもって健康なのかは人それぞれであり、風邪を引かず病気にならないことが健康と思う人もいれば、高齢になっても運動を行うことと思う人もいるであろう。たとえ、世論形成やマスコミ報道が「グローバルな時代」「健康ブーム」等を謳ったとしても、「Be ニーズ」とは個人の目標に応じてカスタマイズされたニーズであるといえる。つまり、キーワードとして「Be ニーズ」が提供され、それが消費者に共感や賛同を得られれば行動・行為や購入したい商品は各個人の問題である。なぜなら、「裕福になりたい」「有名になりたい」「優雅に暮らしたい」等の「Be ニーズ」があるからこそ、「セレブ」という総称ブランドが成立したからである。同様に、「強靭でいたい」「健康でいたい」、あるいは「何歳になっても美しくありたい」「若々しく見られたい」という「Be ニーズ」があり、「アスリート」「美魔女」という総称ブランドが共感を得てきたのである。したがって、消費者が生活していく上での「Be ニーズ」を探求し、その結果のキーワードとして総称ブランドを創出することが重要である。新たに創出された総称ブランドが消費者に認知され共感を得られれば、「Be ニーズ」は各個人でカスタマイズされ、「Do ニーズ」「Have ニーズ」の順で「するべきこと」や「購入すべきもの」が決まってくるのである。

注

1）コーヒー豆の事例に関しては、Pine II and Gilmore（1999）岡本・小高訳（2005）pp.10-11 参照。

2）雨宮（2002）pp.145-147 参照。

3）この件に関しては、青木・恩蔵編（2004）p.205 を参考にした。

4）「ゲスト」「キャスト」および「テーマ・パーク」については、Pine II and Gilmore（1999）岡本・小高訳（2005）p.13 を参照した。

5）Pine II and Gilmore（1999）岡本・小高訳（2005）pp.56-58 参照。

6）雨宮（2001）pp.145-147 参照。

7）この件に関しては、『語源由来辞典』http://gogen-allguide.com/ 2019年9月3日アクセス、を参考にした。さらに、松村編（2006）「アスリート」は p.46、「セレブ」は p.1414 を参考。および、堀内監修（2006）「アスリート」は p.22、「セレブ」は p.343 を参考。

8）この言葉に関しては、自由国民社編（2017）『現代用語の基礎知識2017』自由国民社、pp.103-104 を参考にした。

9）この言葉に関しては、同前掲書、p.1172 参照。

10）Schumitt（1999）嶋村・広瀬訳（2000）p.81

11）Rogers（1962）宇野監訳（1981）pp.234-236 参照。

12）和田（2002）p.172

13）Schumitt（1999）p.47

14）この件に関しては、石井（2006）、および石井（2008）を参考にした。

15）フィリップ・コトラー（2001）『コトラーのマーケティング・マネジメント　ミレニアム版』ピアソン・エデュケーション、pp.12-13 参照。

16）「ニーズの深層構造理論」については、梅澤（2013）pp.21-22 を参考にした。

参考文献

青木幸弘・恩蔵直人編（2004）『製品・ブランド戦略』有斐閣アルマ

雨宮史卓（2001）「産業構造の変化とブランド概念の進展」『マーケティング流通戦略』白桃書房

雨宮史卓（2002）「ホスピタリティ・マネジメントとマーケティング・マネジメントの比較研究Ⅰ」『HOSPITALITY』（第9号）日本ホスピタリティ・マネジメント学会

雨宮史卓（2005）「製品コンセプトの拡大と広告プロモーション」『マーケティング論概説』記録舎

雨宮史卓（2007）「ホスピタリティ・マネジメントにおける経験価値の一考察」『HOSPITALITY』（第14号）日本ホスピタリティ・マネジメント学会

雨宮史卓（2008）「企業と消費者を結ぶインタラクティブ・マーケティング」『コミュニケーション・マーケティング』白桃書房

石井淳蔵（2006）『消費者の生活に深く入りこむ「経験価値マーケティング」』
President Online http://www.president.co.jp/pre/20060130/002.html
（2006年12月1日アクセス）

石井淳蔵（2008）「マーケティング研究から見た広告研究」『AD STUD-
IES』（vol. 23）http://www.yhmf.jp/pdf/activity/adstudies/vol_23_01_
02.pdf（2019年9月1日アクセス）

梅澤伸嘉（2006）『消費者心理のわかる本—マーケティングの成功原則55
—』同文舘出版

梅澤伸嘉（2013）『消費者ニーズ・ハンドブック』同文舘出版

『語源由来辞典』http://gogen-allguide.com/（2019年9月3日アクセス）

寺田信之介編著（1998）『図解マーケティング』日本実業出版社

長沢伸也編著（2006）『老舗ブランド企業の経験価値創造』同友館

堀内克明監修（2006）『カタカナ外来語・略語辞典』（改訂版）自由国民社

松村明編（2006）『大辞林』（第3版）三省堂

宮澤永光・亀井昭宏監修（2004）『マーケティング辞典』（改訂版）同文舘
出版

和田充夫（2002）『ブランド価値共創』同文舘出版

Bernd H. Schumitt（1999）"Experiential Marketing" 嶋村和恵・広瀬盛一
訳（2000）『経験価値マーケティング』ダイヤモンド社

B. Joseph Pine II and James H. Gilmore（1999）*"The Experience Econo-
my"* 岡本慶一・小高尚子訳（2005）『経験経済　脱コモディティ化のマー
ケティング戦略』ダイヤモンド社

Kevin Lane Keller（1998）恩蔵直人・亀井昭宏訳（2000）『戦略的ブラン
ド・マネジメント』東急エージェンシー出版部

Rogers, E. M.（1962）"Diffusion of Innovations" 宇野善康監訳（1981）『イ
ノベーション　普及学入門』産業能率大学出版部

第 10 章

フード・ビジネスにおけるストア・ブランド

第1節　フード・ビジネスの分類と食に対するブランド性

1　食の分類とコモディティの範囲

　フード・ビジネスにおけるブランド概念を考察する場合、有形財と無形財の両極面からのアプローチが必要である。その理由は、第5章第2節-2および3でも明らかである。そして、商業上、フード・ビジネスにおける食品は内食、中食、外食の3つに分類されるのが通常である。その分類を下記に示す[1]。

　1)「内食」とは、調理主体が「世帯内の人」で、調理の場と喫食の場が原則として「家庭内」にある食事をいい、

　2)「中食」とは、調理主体が「世帯外の人」で、調理の場は原則として「家庭外」にあり、喫食の場が「家庭内」である食事をいい、

　3)「外食」とは、調理主体は「世帯外の人」で、調理の場は原則として「家庭外」にあり、喫食の場も「家庭外」にある食事をいう。

　すなわち、世帯人員数に関わりなく家庭内で食材を調達し、調理して食事をする場合は内食、ファースト・フード店やコンビニエンスストア、持ち帰り弁当店等で惣菜等を購入して自宅で喫食する場合は中食ということになる。近年では、女性の社会進出、若年層の調理離れ等による、家庭内における調理時間の減少や調理に対する簡便化志向の高まりにより、中食

市場は拡大し続けている。そして、食材の調達、調理、提供、後片づけといったサービスのすべてを世帯外の人、あるいは施設に委ねるのが外食である。高級レストラン、ファミリー・レストラン、居酒屋、バー等での喫食がそれにあたる。

　したがって、食品はいかなる分類においても品質の保証は重要であり、消費してしまえば無形となるが、内食の場合、食材の鮮度や見た目、パッケージの優劣といった有形財の要素が大きな購買要因になる。これに対して、中食は調理時間の素早さ、可搬性の良好さが重要であり、外食の場合は店舗の雰囲気、サービス内容、従業員の態度といった無形の要素が大きな選択要因になる。そのため、フード・ビジネスにおけるブランド概念は有形・無形の両局面からの検討が必要なのも当然といえる。

　一方、食品をコモディティと見なすか否かの観点で検討すると、「食事」という行為は日々のことであるので、日常的な食生活を担おうとすると、1日単位、あるいは一回あたりの食の調達価格はなるべく安価に設定することが必要条件となる。したがって、日常生活における内食・中食はコモディティの要素が大きいことになる。これに対して、外食は消費者の心理変化や消費者行動における状況変化によって考察しなければならない。外食におけるフード・サービスの場合、顧客に対する食の提供だけでなく、それと並行して行われる接客サービスも、その商品の重要な構成要素である。事実、メニューの内容はそれぞれの店舗によって異なり、その性質や味覚により集客力に差が出る。すなわち、メニューの内容によってストアとしてのブランドが確立していることになる。同様に、接客サービスのあり方もその店舗ごとに特徴がある。高額の客単価が想定される外食店とチェーン系列により比較的安価で定額の外食店ではサービス内容がまったく異なる。仕事等の移動の途中で喫食を必要とする場合は、早くて安価をコンセプトとした店舗を選択することになるであろうし、記念日やイベント等に関わる食事であれば、ビジネス上でも家族単位でも比較的高額でく

つろげる、あるいは高級な雰囲気等がストア・ブランドとしてのコンセプトになりうる。

　また、外食は消費者の家族形態や時代背景、および消費者のライフスタイルの変化によってコモディティか否かに影響を及ぼす。たとえば、外食に対しての内食は日本経済の高度成長期である 1960 年代を通じて形成されたものである。この時代に高度経済成長の成果として、電気・ガス・水道といった住居のインフラストラクチャーが各地に整備され、家電製品メーカーは、電気釜、冷蔵庫等の家電を各家庭に装備させることになる。つまり、各家庭での調理の効率化が向上したのである。さらに、日本各地に新規住宅が大量供給され、当該地域の駅から住宅街を結ぶ道に商店街が形成され、青果・食肉・鮮魚小売店等の消費者への食料品配荷機構が整い、食料品等を購入することが生活習慣として普及した。したがって、各家庭での食材の調達がそれまでとは比べものにならないほどに利便性が増したのである。

　これに対して、外食産業のわが国での発展は 1970 年代の初頭に見られる。日本経済のさらなる成長は、大都市部や工業発展を続ける太平洋沿いの諸都市に、膨大な新規労働力需要を喚起して、全国の地方農村から若年層を中心にして、大規模な人口移動をもたらした。さらには、1960 年代後半から 1970 年代初頭にかけて若年層の大学進学率は、急激に伸びている。つまり、多くの人々が定職および大学を求めて家庭を離れ、大都市において単身生活者が増大し、核家族化がこの時代に進展したことを意味する[2]。

　この時代の単身生活者は、「賄い」が付随する下宿や寮等に居住することで食生活の大半を満たしていたことが示されている。当時は単身世帯の住居は自炊設備のついた住居や部屋の供給は過少であり、現在のようにコンビニエンスストアやスーパー等の小売店も少なく、「賄い」に依存する以外の選択肢はほとんど見受けられなかったのである。しかし、高度経済成長期の後半になると、「賄い」の割合が激減し、食費に占める飲食料品

の割合が大きくなり、飲食料品の小売店は大量に増加したのである。その
ため、1970年代に入ると、単身生活者の食生活は、圧倒的に外食によっ
て成立することになり、1970年代から1980年代の初頭までは、単身者の
食費の6割が外食に支出されていたという現状があった[3]。当然、この時
代の外食はあくまでも内食の代替として必要に迫られて利用されていたこ
とになる。換言すれば、内食が欠損する場合の止むをえざる代替行為が外
食であり、外食産業は、消費者食生活の効率性を実現する社会装置として
機能していたのである。この機能・役割を意識的に担って店舗の増設をは
かったのが、ファミリー・レストランやファースト・フード等のチェーン
系列店であり、当時の社会措置としての典型的な例である。1970年前後に、
都心に職や大学を求めて単身生活を始めた人々は、そこで新たな家族を構
成する。単身で外食が日常化していれば、内食が国民食生活のスタンダー
ドな時代とは異なり、結婚や出産により新たな家族単位を形成しても外食
を許容することが可能だったのである。したがって、この時代の外食は当
然、コモディティということになる。内食という家事を外食産業に委託す
るのと同様に、クリーニング業、洋服リフォーム業、保育所等の家事支援
産業もこの時代から繁栄することになる。

　しかし、日本経済が好景気に入る1980年代半ば以降は、家族形態も多
様化し、それを反映するように消費者の食生活も多様なものとなった。当
然、食に関する情報も氾濫することになる。消費者は、日常において食情
報に接触し、さまざまな食生活のニーズを形成することになったのである。
また、食生活を支えるための供給形態も多様化している。食料品を扱う小
売店は、内食、中食、外食にかかわらず生活空間の周囲に隙間なく供給網
が整備されている。さらに、テレビ、新聞、雑誌等によるマスコミ媒体に
おける通信販売、インターネットを利用して食品を取り寄せることも可能
となった。季節ごとに、あるいは海外から新しい食品が大量に到来し、マ
スコミや店舗にはその情報が氾濫する。消費者はそれらの情報に敏感に反

応し、関連のストアへ足を運ぶ。マスコミで取り上げられたストアは行列ができることが多々ある。多くの消費者が時間と労力を費やして、やっとの思いで入手した食は、マスコミで取り上げられる。当該の食をまだ入手していない消費者にとっては、それがトレンド情報となる。このような状況下での外食は、コモディティからは大きく逸脱した現象であり、食のファッション化との指摘もある[4]。したがって、外食がコモディティに属するのかどうかは、時代ごとの社会状況および家族形態や消費者のライフスタイルの変化により異なってくるのである。

したがって、この場では、近年の社会状況を考慮して、日常生活において1日単位、あるいは一回あたりの食の調達価格はなるべく安価に設定することが必要条件となる内食、中食をコモディティ商品の範囲とし、店舗の雰囲気、入りやすさ、迅速な対応等のサービスを含めて商品の購入を決定する外食をコモディティ商品の範囲外としたい。なお、現象としてのコモディティ化はフード・ビジネスにおいても、あらゆる食生活に起こりうる可能性があることをつけ加えておきたい。

2　食のブランド化

上述のごとく、食品に焦点をあてると、内食はコモディティ商品の要素が大きいが、食材を消費者が購入する際は、ブランドによって選択されず、どの店で購入すれば安いかという価格の観点でストアを選択することになる。したがって、各ストアは当該地域の気候風土や消費者の嗜好に合った、新鮮で品質の高い食材を安定的に提供することが必要であり、地域ごとの生産状況や流通事情に精通することが必要である。一例として、日本市場において食材を供給する代表的な食品スーパーマーケットは1970年代に欧米流を模倣して登場したが、現代の総合スーパーのような全国チェーンではなく、ローカル・チェーン（地方・地域チェーン）として成長した[5]。しかし、競争が激しくなるとコモディティ化に陥るスーパーも見受けられ

た。そのため、食材に無農薬や産地を記載し、消費者に安全・安心を訴求することで差別性を打ち出すストアが消費者に受容されるようになってきている。今では、食材のパッケージやショーカードに産地や製造月日だけではなく、製造者の顔写真を掲載する製品も見受けられる。

　また、中食は、①簡易性、②可搬性、③時間節約性、④経済性が消費者に対する大きな訴求要素となり、1980年代末から1990年代における女性の社会進出進展に伴い食品分野の市場占有率を増大させた。しかし、スーパー、コンビニエンスストア、持ち帰り弁当店等の調理済み食品群を扱う業態は、すべて同様のコンセプトを打ち出し、上述の①〜④を満たしていたとしても、コモディティ化に陥る。そのため、今ではハンバーガーショップが定番のサービスとしているイートイン（店内飲食）を可能にするコンビニエンスストアが出現し、消費者のニーズに応える設備を整えると、スーパー、持ち帰り弁当店もそれに追随し始めている。

　さらに、1990年代後半からは、高級・高品質のコンセプトを前面に打ち出した有名レストランが中食市場に参入している状況にある。百貨店の食品売り場に仕事帰りの女性客をターゲットとして、店名や調理人の知名度を訴求して集客する戦略であり、「デパ地下現象」とマスコミを賑わした。核家族において女性が専業主婦におさまらず、たとえ大家族であっても多くの世帯で個食化が見られ、各自の食事時間がずれ、嗜好の世代間格差も大きくなったライフスタイルを反映しての現象である。百貨店の食品売り場には、中食としての個食対応食品が数多く揃い、消費者の事情に加え供給条件が整備され、さらに加速している。

　外食に目を移すと、当該ストアのコンセプトが同様であると、コモディティに陥って価格競争が勃発する。ファースト・フード店等の外食産業はその典型である。ファースト・フード店は素早く提供でき、比較的安価であることをコンセプトにして集客を向上させてきた。しかし、短時間の昼休み等で喫食するビジネスマンには迅速な食の提供は外せないコンセプト

であろうが、そればかりを追求すると価格競争に陥る。現に、ドリンク等の無料サービスを行うことは日常的になっているし、牛丼店での価格競争は周知のごとくである。近年では、シングル・マーケットが拡大しているため、ファースト・フード店には女性一人では入りにくいという意見に対して、一人専用のボックスシートを設置する等の対応をして繁栄している外食産業もある。

　また、高級なレストランであっても、同様なコンセプトであると価格ばかりでなく、サービスの質も低下を招く。それは、小売業のサービス・価格水準に対する消費者選好の関係を示すニールセンの研究による「真空地帯仮説」からも明らかである[6]。この仮説によれば、小売におけるサービスは増加するほど価格が高くなると仮定する。サービスの質・量が極小の状態からサービスを増加させると、価格は高くなるが消費者の選好は増加する。しかし、それが限度を超えると、いくらサービスの質・量が良くても価格が高すぎて好ましくないと評価する消費者が増加するという指摘がある。つまり、サービスの質や量が高くなっても、それを消費するには高額な支出が必要となるために、特別な日やハレのイベント等でないと当該の小売業を利用できず、選好は減少するということである。したがって、フード・ビジネス上でも価格との関連があるので、サービスのみで差別性を発揮するのは困難である。高級レストランであれ、定額・安価を訴求するファースト・フードであれ、消費者に受け入れられるコンセプトの創造が必要になり、コンセプトの差別性こそがフード・ビジネス上、ブランドの構築に役立つのである。

第2節　ストア・ブランドの機能と役割

1　製品ブランドとストア・ブランド

　有形・無形の要素を踏まえた上で、製品におけるブランドとストア・ブランドの比較を試みたいと思う。この比較にはコトラーの「製品レベル研究」が非常に有用である。その理由は、コトラーは製品レベル研究の例にホテルをあげているからである。ホテルは、顧客に快適な宿泊や休息の場を提供することを主な目的としており、その意味ではフード・ビジネスにおける無形要素と共通点が多々見受けられるからである。コトラーは製品を「製品というと有形の提供物を思い浮かべる人が多いが、それだけではない。欲求やニーズに応えるために市場に提供されるものなら何でも製品となりうる。市場に提供される製品には、有形財、サービス、経験、イベント、人、場所、資産、組織、情報、アイデアがある」(Kotler + Keller 2006) と定義するとともに、製品のレベルを図 10-1 に示すように5つに分けている[7]。コトラーは第5章第2節-1 で定義しているように、商品を有形財・無形財と分けていない。有形であれ無形であれ、市場に提供されるものすべてを製品としている。そして、市場提供物を計画するにあたって、マーケターは5つの製品レベルで考える必要があるということも主張している。また、レベルが上がるごとに顧客の価値も上がり、5つのレベルはそのまま顧客価値ヒエラルキーを表しているとしているので、この場では、その考察を概観していきたい。

　コトラーの主張によれば、最も基本的な第1のレベルは、中核ベネフィットである。顧客が実質的に購入している基本的なサービスやベネフィットを意味する。つまり、ホテルは利用客に「休息と睡眠」を提供し、マーケターは自らをベネフィットの提供者と考えなくてはならない。

図10-1　製品　5つのレベル

出所：フィリップ・コトラー（2006）『マーケティング・マ
ネジメント』（第12版）プレジデント社、p.460

　第2のレベルは、中核ベネフィットを基本製品に転換しなければならな
い。たとえば、ホテルの部屋を構成しているのはベッド、バスルーム、タ
オル、机、鏡台、クローゼットである。

　第3のレベルでは、買い手が購入するとき期待する属性と条件の組み合
わせである期待製品を用意しなくてはいけない。ホテルの客は、清潔なベッ
ド、洗いたてのタオル、球の切れていない電気スタンド、適度な静けさな
どを期待している。大半のホテルはこのような最低限の期待に沿うものな
ので、旅行者は通常、最も便利であるか安いという理由でホテルを選ぶ。

　第4のレベルは、顧客の期待を上回る膨張製品を用意しなくてはならな
い。ホテルの場合、テレビ、きれいな花、チェック・インとチェック・ア
ウトの速さ、美味しい食事、ルームサービスなどがそれにあたると思われ
る。先進国では、ホテルにおけるブランド・ポジショニングと競争はこの

レベルで起きている。しかし、開発途上国や新興国市場では、競争はおおむね期待製品レベルで起きている。

　第5のレベルは、その製品の将来のあり方を示す潜在製品である。コトラーの考察では、現在の競争は第4のレベルで行われているとされているので、この研究をフード・ビジネスに当てはめてみるのが有効であると思われる。

　製品と同様にフード・ビジネスにおけるブランドのレベルを図10-2に示す。まず、図10-2が示している中核ベネフィットであるが、フード・ビジネスにおいては食を提供するシステムということになる。高級レストランであれ、内食・中食を提供するコンビニエンスストア、スーパーであれ、消費者のニーズや選好にあった多様な食品と食材の対応をはからなくてはならない。

　第2の基本製品のレベルにおいては、食品そのものの味覚、量、メニュー

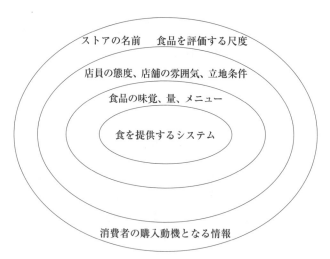

図10-2　フード・ビジネスにおけるブランドのレベル

出所：コトラー、前掲書、p.460 を参考に筆者が作成。

の豊富さ等があげられる。このことは生鮮食品を例にあげると理解しやすい。生鮮食品は味と鮮度が重要であり、消費者にブランドが意識されることは少ない。鮮度の良い食品は消費者にその価値を提供しているけれども、ブランドとしてではなく、消費者は「あの店で買った食品は良かった」といったストアの良否を意識していることになる。また、レストランや焼き肉店では、「あの店の肉は美味しかった、やわらかかった」等のストアの名称が顧客の頭を支配し、そこに肉の製造者や食品メーカーが意識されることは皆無である。

　第3のレベルは、店員の態度、店舗の雰囲気・インテリア、立地条件等といった、基本機能（味覚、メニュー等）とは別次元のものがフード・ビジネスにおいてもあげられる。食材を購入する場合は、どれだけ自宅から近隣で便利かが重視されるであろうし、中食・外食の場合は、店舗への入りやすさや雰囲気、従業員の対応といった情緒的な要素が購入動機に大きく関わってくる。とりわけ、外食産業における対人サービスは情緒的な要素であり、判断基準が顧客によって異なり、基準化するのが困難である。

　そして第4のレベルが、製品においては競争企業から差別化できるような付加的なサービスとベネフィットであるなら、フード・ビジネスにおいてのそれは、消費者の購入動機となる情報である。換言すれば、消費者に提供されるさまざまな情報は、購買意欲に大きな影響を及ぼすのである。現代では、当該サービスを消費した顧客の口コミ評価をインターネット上で検索してから選択するケースもありうる。

　周知のごとく製品ブランドはパッケージ、ネーミングおよび広告の訴求内容が消費者の購入動機の一要素となっている。同様に食品もコシヒカリや和牛等は地域名をブランドに変えることで成功している。米価の低迷や産地間競争で新ブランド米[8]の種類は増加傾向である。かつて北日本に集中していた「美味しいお米」の産地も、今や北海道から鹿児島まで広がりを見せている。たとえば、佐賀県産の「さがびより」は、ここ数年内に

登場したブランドであるが、都内の百貨店や高級スーパーに、最高級の南魚沼産コシヒカリとともに陳列されている。また、食品の種類は同じでも、災害等の被害が甚大なとき等には、製造地の表示も消費者の不安を解消し、ブランド選択の要因にもなりうる。さらに、品質評価の高い産地の和牛肉は、小売店での段階では超有名な産地の牛肉として販売されるケースが非常に多い。本当に超有名な銘柄を購入するときは、有名なデパートにテナントとして入っている、牛肉販売店や昔からの老舗で購入することになる。そういった店での超有名銘柄和牛肉の価格は非常に高い。すなわち、消費者は産地が記されている情報をもとに、食品の価値を見出し、ストアの名前によって食品の評価を判断するケースもあるのである。

このようにフード・ビジネスにおけるブランドは上述の４つの次元が統合されてブランド化されていることになる。フード・ビジネスにおいてはストア性が重視されてくるのがよく理解できる。

しかし、第２章第３節 -2 での考察のごとくコモディティ化が進展すると、高付加価値であった商品の市場価値が低下し、一般的なものとなり、価格によって商品が選択される状態になり、ブランドとしての機能を失うことになる。有形の製品だけではなく、サービスさえも価格だけで取引が可能な程度に品質・内容が規格化・標準化されてしまえばコモディティ化となる。低価格競争に代表される価格強調型マーケティング戦略はトップ・ブランドに対する一つの対抗策で過去は成功していた。それは、製品やサービスの大量生産がもたらす規模の経済により、価格を引き下げてもそれに見合うコストの削減ができたからである。しかし、今やこのシステムは成長も利益も保証できなくなっているのは周知の事実である。

そこで、注目すべき概念が組織における人間の相互関係に着目する「ホスピタリティ」である。とりわけ、フード・ビジネスにおいてはホスピタリティ・マネジメントが重要となる。なぜなら、元来のホスピタリティ概念がサービスを超越した概念とされ、「人と人との関係に存在する相互関

係を意味し、マネジメントにおいては経済交換だけでなく相互人間価値を創造する経営」[9]とされるからである。つまり、フード・ビジネスにおいて有形の食品、無形の店舗の雰囲気や従業員の対応はもちろん、企業が提供することに共感し、サービスを超越した価値を見出したときに、ホスピタリティは実現されるからである。食品は内食・中食・外食に3分類され、内食・中食をコモディティ商品とし、外食をコモディティの範囲外とした。しかし、コモディティ商品だからホスピタリティ概念は必要なく、コモディティ商品ではないから体現されるといったことを意味するわけではない。なぜなら、内食であれば「安心」「信頼」が必要であり、当然その確実な訴求はホスピタリティの定義に通じ、中食における「時間を優先する消費者に対する迅速な対応」も企業・消費者間の相互関係があってこそ成立する。そのため、フード・ビジネスに携わる企業は、マネジメントにおいてホスピタリティの概念を競争優位の源泉としてとらえる方向へシフトする必要がある。サービス経済のシステムにおいても、提供されるサービスに納得して顧客が集まり、対価が支払われるというものであった。しかし、サービスさえも付加価値が失われ、差別性がなくなるとコモディティ化を余儀なくされる。そのため、機能やサービスの利便性といった価値を超える次元、すなわち、ホスピタリティ概念を体現した製品・サービスの提供へとブランド・マネジメントを転換させる必要がある。

2　フード・ビジネスにおけるストア・ブランドの構成要素

　現在、わが国においては、テレビやラジオのCM、さらにはインターネットでのプロモーションを中心としたマス媒体がブランド・ロイヤルティの創造に大きな役割を果たしてきたのは紛れもない事実である。とりわけ恒常的需要のあるコモディティ商品に関しては、第2章第3節-3の考察で明らかなように、基本の商品コンセプトは維持しながらも当該コンセプトを分散し、消費者のベネフィットに適合したコンセプトを広告コミュニケー

ションにより創造してきた。そのために、小売業は消費者の認知度の高い
ブランド品さえ品揃えをすればある程度の売上が期待できた。

　しかし、それぞれの小売店側がストア・ロイヤルティの構築を中心にマー
ケティング活動をしているかには疑問が残るのが現状である。つまり、消
費者は、目的のブランドが購入できるのであれば、どこの小売店で買って
もいいと思うのか、特定の小売店で購入したい、あるいはその小売店で推
奨されたものを購入したいと思うのかは大きな違いである。

　ブランド・ロイヤルティとは、通常はNBに対する信頼度の表れという
ように理解されている。それはメーカーに対する消費者の信頼感を基礎に
して、製品が購入されていることを意味する。すなわちアーカーの指摘し
たように、顧客がブランドに対して有する執着心の測度であり、ブランド
に対する信用によって顧客の製品購買時のブランドに対する「こだわり」
が生じ、ブランド・ロイヤルティが形成される。ブランド・ロイヤルティ
が確立することにより、顧客・消費者を自己の製品に固定化させることが
できるのである。

　これに対して、店舗への信頼度がある。これがストア・ロイヤルティと
いわれている。「文字通り、お店に対する信頼感によって、製品が購入さ
れている」ことである。このことは以前までは、各店舗固有の問題とされ
てきた観があるが、多店舗化、事業多様化といった小売競合が一段と厳し
くなっている以上、特定の店舗というよりも、特定の小売企業に対する固
定客を作る必要性が高まってきていると思われる。もっとも固定客という
表現は小売側からのとらえ方であり、消費者側から見れば当然、ストア・
ロイヤルティという表現になる。

　この場合のロイヤルティとは、当該店舗の販売している製品の質の良さ
だけではなく、サービスの良さ、店舗の雰囲気、ステータス、立地条件等、
さまざまな要素から構成されている。このストア・ロイヤルティを基盤と
して、GB製品が開発されたのである。特別のブランドをつけなくても、

店舗の総合的な力に対する消費者の信頼感によって、製品が購入されていることを基盤にしている。PB商品も、このストア・ロイヤルティの延長線にあるということができる。

このストア・ロイヤルティを素早く意識して、成功しているのが服飾小売店形態の一種のセレクト・ショップである。しかしながら、食品を取り扱う各小売形態がセレクト・ショップ同様に、ロイヤルティの向上を中心として戦略策定しているかは疑問である。たとえば、スーパーで陳列されている惣菜等のPB製品は、消費者にとってスーパーがフランチャイズ・チェーン方式であるがゆえ、全国均一の価格や品質という安心感をもとに購入している状況である。スーパーのストア種別によって購入を決定するのではなく、立地条件を中心とした利便・簡易性でのストア選択ということになる。また、製品カテゴリーにおいてはNB製品よりもPB製品の方が安価であるという、価格のみがブランド選択の要因になっている。利便・簡易性の競争はコンビニエンスストアの役割であり、安価の競争はGB製品の役割である。そのため、スーパーは当該店舗でしか購入できないストア・ブランドの構築を急ぐべきである。本部が一括で商品開発をし、全国の店に供給する仕組みは、消費者の食に対する多様化で限界に来ており、チェーン・ストア方式からの脱却を目指すべきである。

したがって、大手小売業の一部が高価格・高品質のPB商品の企画・販売に踏み込み、消費者に受け入れられている昨今の状況はフード・ビジネスにおいて良い転機となりうる。元来、フード・ビジネスにおいて食の形態にかかわらず、食品の安全性は重要である。しかし、消費者はそれ以上に、外食においては「非日常的空間」「ゆったりとした時間」「上質な時間」等、内食・中食では「健康」「新鮮」「なつかしさ」「名産」等のカスタマイズされたものを求め、それが店舗のコンセプトになっている。まさにブランドを通しての経験や体験を求めているのである。

ところで、アーカーの指摘するブランド・エクイティの構成要素には、

第6章第1節のようにブランド・ロイヤルティの他にブランド認知、知覚品質、ブランド連想など5つの要素が含まれていた。これらを統合したブランド・エクイティを高めることによって企業はさまざまな有効性を得ているのである。したがって、食品におけるブランド概念を考える場合、同様に5つの要素を検討する必要がある。食品をPBおよびNBの概念としてだけではなく、ストア・ブランドとしてとらえなくてはならない。そして、アーカーが指摘したブランド・エクイティをストア・ブランドにおけるエクイティとして考える場合、これまでの検討から、下記のような意味合いに構成要素を検討する必要がある。

① ストア・ロイヤルティ（ホスピタリティの優劣度「外食」、各顧客に対する立地条件の優劣度および営業時間の優劣度「内・中食」）

② ストア名の認知（チェーン店、系列店等による多店舗化による認知、カスタマイズによる認知）

③ 知覚品質（食品の味覚、商品の持ち運びの利便性「中食」、および店舗の雰囲気・清潔感、サービスの優劣）

④ ストア・ブランド連想（購入動機となる情報、広告・プロモーションによる連想）

⑤ その他の所有権のあるブランド資産

中食における消費行動の分析では、いかなる小売業態でも、食材や味覚以上に利便性や立地条件を重要視する傾向が見られる。特に中食を購入する際、コンビニエンスストアを多く利用する消費者が顕著であるのも、上述の5つの要素を他の店舗業態よりも満たしているからだと思われる。したがって、ストア・ロイヤルティは外食の場合、ホスピタリティの観点が大きく作用するのは明らかであるが、内・中食は「各顧客に対する立地条件の優劣度」「営業時間の優劣度」をつけ加えるべきである。同様に、知覚品質において中食は可搬性が大きな要素を占めるため、「商品の持ち運びの利便性」を導入すべきである。一旦、消費者に当該のストア・ブラン

ドが定着し、そのストアに入店すると、製造業のブランドは排除され、食品のみならず別の製品カテゴリーへもそのストア・ブランドを目指して購入する可能性も出てくる。そのため、食品メーカーはそれぞれの店舗業態に対する異なったマーケティング戦略を行う必要もある。たとえば、外食産業においては、価格ではなく、いかなる経験・体験を価値として訴求できるかによるし、中食を扱うコンビニエンスストアにおいては、陳列・品揃えや品質・等級の変更等により、利便性や簡易性を中心に製品の付加価値訴求を行うのである。また、スーパーにおいては広告の変更、低価格の訴求などにより店舗自体の知名度を上げ、その店舗でしか購入できない差別性を訴求する方法等である。

3　フード・ビジネスとホスピタリティ概念

　上述のごとく、ストア・ブランドとは店舗に対する信頼度のみならず、製品の品質、経験価値の優劣、購入動機となる情報、サービスの優劣、店舗の雰囲気・清潔感、立地条件等、さまざまな要素から構成されるべきである。

　それではフード・ビジネスにブランド概念の導入を試みた場合、今後はいかなるマネジメントによりブランド価値を維持、あるいは育成する可能性が考えられるであろうか。周知のごとく、マーケティング・マネジメントにブランド概念を導入した場合、多岐にわたるマネジメントの変更を必要とした。フード・ビジネスにおいても同様の考察が必要となる。ブランド・エクイティが構築された際、企業側にもたらされる有効性は第7章第1節で述べた通りであるが、顧客側にも価値が提供される伝統的な調査法がある。それは「①情報処理の容易性、②購買決定での確信、③使用上の満足感」[10] である。すなわち、顧客にとってブランドのメリットは、信頼性が高くて安心して購入できるのでリスクを避けることができることと、購入時に迅速に意思決定ができ、さらに満足感が高いことがあげられる。

この3つの要素が特に強く表れるのは、専門的な特性を強調することで大きなメリットを有する商品である。食品でいえば、その味や風味にこだわる顧客が多いコーヒーや紅茶、またはアルコール飲料などの嗜好品がそれにあたる。

　フード・ビジネスにおいてブランド価値が確立される場合、顧客にとっての価値が既存の理論よりも、より強く形成されなくてはならない。利益を追求する目的の商業・マーケティング分野では、企業価値の観点は研究が盛んであるが、顧客価値についてはいまだに検討の余地が多々ある。なぜなら、顧客価値が表れるのは、上述の信頼性、リスク回避、購入時の迅速性といった消費者行動の側面が中心であり、商品カテゴリーにおいては嗜好性の強い商品に傾倒するからである。そのため、ホスピタリティ・マネジメントの理論をフード・ビジネスにおける顧客価値を検討する今後の手掛かりとしたい。なぜなら、ホスピタリティの意味自体は一般的に「もてなし」「歓待」「厚遇」等というサービスを超越した意味で訳されることが多いが、ホスピタリティ・マネジメントにおけるその概念は次の通りだからである [11]。

　ホスピタリティでは、顧客が企業に対し自らの願望、期待感、ならびに意外性を求めて、その通りあるいは、それ以上の結果が製品・サービスを通して提供されるならば、その結果に大いに満足し、喜び、その喜びを得たいがために再び繰り返しそれを求める反復効果（リピート・イフェクト）が生まれるとされる。これはあらゆる産業分野において「リピーター」といわれる顧客の存在を裏づけるものである。欧米社会では、ホテルやレストラン等で心地良いホスピタリティを受けたときには、チップ（心づけ）という形の付加価値で返礼することが習慣化している。成熟化社会では、さらにその付加価値は高質感ならびに高級感を与えるものであり、ときには顧客にステータスをも提供する。つまり、ホスピタリティは付加価値という無形で換算される「付加価値交換」としてとらえられている。これに

対して、商業・マーケティング側面では顧客のニーズを充足させることを最優先とした「等価価値交換」に基づいている。つまり、信頼性、リスク回避性、迅速性等がそれにあたる。たとえば、等価価値交換の観点のみに基づくと、第9章における考察で、経験価値が付与され顧客が当該店舗に満足し信頼性が増しても、それはコーヒー1杯の価格が上昇したことで商取引が成立していることになる。

　また、ホスピタリティ・マネジメントは、その定義をもとに、ホスピタリティを構成する4つの要素として、「人的要素群、物的要素群、創造的要素群、機能的要素群」12) を設定している。その中の機能的要素群（条件的要素および経済的要素）はストア・ブランドが形成されて初めて顧客側に価値として提供されると思われる。ストア・ロイヤルティが確立することは、条件的要素の中の立地条件因子と時間的条件因子を顧客側に価値として提供していることになる。資金的条件因子は店舗の雰囲気、清潔感、店員の態度、およびサービスの優劣から形成される知覚品質に通じて考察されるべきであるし、ストア・ブランドは顧客に連想されると経済性因子を価値として提供することになる。なぜなら、経済性因子が顧客にとって便利で有益であることの利便性等、最小の努力・犠牲・費用で最大の効果・収益を達成・実現するための因子であるからである。既成の店舗の評判および、広告・プロモーションによる連想によってなしうる因子であるのは明白である。

　これらの考察を試みると、既存のPB商品もこれらの要素が出揃って初めて消費者の信頼を得ることができると思われる。現に景気後退期の中で、消費者の価格志向のみが強調され、低価格に焦点をあてた多数の商品が市場に氾濫したが、価値を伴わないその多くはすでに市場から姿を消している。逆に考えれば、いくらこだわりを持った品質の良い食品を置いたとしても、ストアのブランド力が構築され、顧客に認知されないと食品のブランド力は発揮されないことになる。したがって、食品メーカーが今後ブラ

ンド・エクイティを中心としたマーケティングを行う上で、製品自体の品質やサービスのみならず、ストア・ブランドにおけるエクイティの観点から食品を見直すことが重要である。そして、ストア性を重視してブランドをとらえることにより、フード・ビジネスにおけるブランド概念が成立するのである。すなわち、今後のフード・ビジネスにおいてストア自体は個々の新しい価値の提供システムを構築し、その価値を消費者に認知されることが急務であり課題でもある。

注

1）岩渕（1996）p.15 参照。
2）この件に関しては、「大学・短期大学等の入学者及び進学率の推移」文部科学省（学校基本調査）http://www.mext.go.jp/component/b.../01/.../1365622_1_1.pdf（2016 年 10 月 1 日アクセス）、および、厚生労働省大臣官房統計情報部（2014）『平成 26 年グラフでみる世帯の状況―国民生活基礎調査（平成 25 年）の結果から―』統計印刷工業株式会社、pp.5-7 参照。
3）この件に関しては、総理府統計局「一世帯当たり年平均一か月間の消費支出（全世帯）　全都市」『家計調査年報』http://www.stat.go.jp/data/chouki/20.htm（2016 年 10 月 1 日アクセス）参照。
4）日本フードスペシャリスト協会編（2002）p.28 参照。
5）同前掲書、p.38 参照。
6）真空地帯仮説については、Nielsen（1966）p.113 参照。
7）Kotler + Keller（2006）pp.460-462 参照。
8）新ブランド米については、「ブランド米、新顔続々」「お米広がるチョイス」朝日新聞（2015 年 9 月 23 日）1、4 面を参照。
9）服部（1996）p.118 を要約。
10）和田（1984）p.3 参照。
11）服部、前掲書、p.40 参照。
12）服部、前掲書、p.69 参照。

参考文献

雨宮史卓（2004）「ブランド・コミュニケーションにおける広告の機能」『日本消費経済学会年報』（第 26 号）日本消費経済学会

雨宮史卓（2007）「ホスピタリティ・マネジメントにおける経験価値の一考察」『HOSPITALITY』（第14号）日本ホスピタリティ・マネジメント学会

雨宮史卓（2009）『ブランド・コミュニケーションと広告』八千代出版

雨宮史卓（2016）「フード・ビジネスにおける食品のブランド力についての一考察」『日本大学国際関係学部生活科学研究所報告』（第38号）日本大学国際関係学部生活科学研究所

雨宮史卓（2017）「フード・ビジネスにおけるブランド価値と経験価値の変遷についての一考察」『商学集志』（第86巻第4号）日本大学商学部

岩渕道生（1996）『外食産業論—外食産業の競争と成長—』農林統計協会

梅沢昌太郎（1991）『食品のマーケティング』白桃書房

梅沢昌太郎（2006）『ビジネス・モデルの再生—ディスマーケティングを問う—』白桃書房

大江ひろ子編（2014）『コミュニケーション・マーケティング』白桃書房

外食産業総合調査研究センター（1996）『中食市場動態調査事業報告書』

日本フードスペシャリスト協会編（2002）『食品の消費と流通』建帛社

服部勝人（1996）『ホスピタリティ・マネジメント』丸善

和田充夫（1984）『ブランド・ロイヤリティ・マネジメント』同文舘出版

Bernd H. Schmitt（1999）*Experiential Marketing*" The Free Press 嶋村和恵・広瀬盛一訳（2000）『経験価値マーケティング』ダイヤモンド社

Biel, A. L. "*Converting Image into Equity*," in D. A. Aker and A. L. Biel（ed.）,（1993）*Brand Equity & Advertising: Advertising's Role in Building Strong Brands*, Lawrence Erlbaum Associates,Publishers.

B. Joseph Pine II and James H. Gilmore（1999）"*The Experience Economy*" 岡本慶一・小高尚子訳（2005）『経験経済　脱コモディティ化のマーケティング戦略』ダイヤモンド社

David Bowie and Francis Buttle（2004）"*Hospitality Marketing*" Elsevier Butterworth-Heinemann.

Jan-Benedict E. M Steepkamp and Marnic G. Dekimpe（1997）"*The Increasing Power of Store Brands: Building Loyalty and Market Share*" Long Rangs Planning,Vol.30.

Kevin Lane Keller（1998）"Strategic Brand Management" 恩蔵直人・亀井昭宏訳（2000）『戦略的ブランド・マネジメント』東急エージェンシー出版部

O. Nielsen（1966）"*Development in Retailing*," in Max Kjaer-Hansen, ed., Readings in Danish Theory of Marketing, Amsterdam; North Holland.

Philip Kotler（1991）"*Marketing Management: Analysis, Planning, Imple-*

mentation and Control" Prentice Hall 村田昭治監修（1996）『マーケティ
ング・マネジメント』（第7版）プレジデント社

Philip Kotler, John Bowen & James Makens（1996）*"Marketing for Hospi-
tality & Tourism"* Prentice-hall,Inc ホスピタリティ・ビジネス研究会訳
（1997）『ホスピタリティと観光のマーケティング』東海大学出版会

Philip Kotler ＋ Kevin Lane Keller（2006）*"Marketing Management:
twelfth Edition"* 恩蔵直人監修（2008）『コトラー＆ケラーのマーケティ
ング・マネジメント』（第12版）、ピアソン・エデュケーション

【著者紹介】

雨宮史卓（あめみや・ふみたか）

日本大学通信教育部　教授
1999年3月　日本大学大学院商学研究科博士後期課程　満期退学
1999年4月　日本大学商学部商学研究員としてワシントン州立大学へ留学
2000年4月　日本大学短期大学部商経学科　専任講師
2004年4月　　同　　　　　　　　　　　　助教授
2007年4月　　同　　　　　　　　　　　　准教授
2009年4月　　同　　　　　　　　　　　　教授
2013年4月　日本大学短期大学部ビジネス教養学科　教授
2016年4月　日本大学通信教育部　教授
2021年4月　日本大学大学院総合社会情報研究科　兼担教授
主な著書『マーケティング流通戦略』（共著　白桃書房）
　　　　『マーケティング・ソリューション』（共著　白桃書房）
　　　　『コミュニケーション・マーケティング』（共著　白桃書房）
　　　　『マーケティング論概説』（共編著　記録舎）
　　　　『経営学検定試験　公式テキスト4　マーケティング』
　　　　　（共著　中央経済社）
　　　　『経営学検定試験　公式テキスト　試験ガイド＆キーワード集』
　　　　　（共著　中央経済社）
　　　　『現代商業学』（共著　慶應義塾大学出版会）
　　　　『経済と消費者』（共著　慶應義塾大学出版会）
　　　　『ブランド・コミュニケーションと広告』（単著　八千代出版）
　　　　その他多数

広告コミュニケーション

2020年2月17日　第1版1刷発行
2021年6月10日　第1版2刷発行

著　者━ 雨　宮　史　卓
発行者━ 森　口　恵美子
印刷所━ 新　灯　印　刷
製本所━ グ　リ　ー　ン
発行所━ 八千代出版株式会社

〒101
-0061　東京都千代田区神田三崎町 2-2-13

TEL　03 - 3262 - 0420
FAX　03 - 3237 - 0723
振替　00190 - 4 - 168060

＊定価はカバーに表示してあります。
＊落丁・乱丁本はお取替えいたします。